JN102495

会社別就活ハンドブックシリーズ

2025

三菱 UFJ 銀行の
就活ハンドブック

就職活動研究会 編
JOB HUNTING BOOK

は じ め に

2021年春の採用から，1953年以来続いてきた，経団連（日本経済団体連合会）の加盟企業を中心にした「就活に関するさまざまな規定事項」の規定が，事実上廃止されました。それまで卒業・修了年度に入る直前の3月以降になり，面接などの選考は6月であったものが，学生と企業の双方が活動を本格化させる時期が大幅にはやまることになりました。この動きは2022年春そして2023年春へと続いております。

また新型コロナウイルス感染者の増加を受け，新卒採用の活動に対してオンラインによる説明会や選考を導入した企業が急速に増加しました。採用環境が大きく変化したことにより，どのような場面でも対応できる柔軟性，また非接触による仕事の増加により，傾聴力というものが新たに求められるようになりました。

『会社別就職ハンドブックシリーズ』は，いわゆる「就活生向け人気企業ランキング」を中心に，当社が独自にセレクトした上場している一流・優良企業の就活対策本です。面接で聞かれた質問にはじまり，業界の最新情報，さらには上場企業の株主向け公開情報である有価証券報告書の分析など，企業の多角的な判断・研究材料をふんだんに盛り込みました。加えて，地方の優良といわれている企業もラインナップしています。

思い込みや憧れだけをもってやみくもに受けるのではなく，必要な情報を収集し，冷静に対象企業を分析し，エントリーシート作成やそれに続く面接試験に臨んでいただければと思います。本書が，その一助となれば幸いです。

この本を手に取られた方が，志望企業の内定を得て，輝かしい社会人生活のスタートを切っていただけるよう，心より祈念いたします。

就職活動研究会

Contents

第1章

三菱UFJ銀行の会社概況

会社によって選考方法は千差万別。面接で問われる内容や採用スケジュールもバラバラだ。採用試験ひとつとってみても，その会社の社風が表れていると言っていいだろう。ここでは募集要項や面接内容について過去の事例を収録している。

また，志望する会社を数字の面からも多角的に研究することを心がけたい。

✔ ごあいさつ

　日頃より格別のご高配を賜り厚く御礼申し上げます。頭取の半沢でございます。
デジタライゼーションの進展や環境・社会課題解決に向けた世界的な潮流の加速など、
社会は大きく変化しています。グローバルな経済活動の前提となってきた国際秩序も、
地政学上の力学変化によって変容しつつあります。また、インフレ圧力の高まりを受
けて、わが国でも長らく定着してきた超低金利環境が変わっていく可能性も出てきて
います。

　こうした大きな潮流や環境変化の中で、企業のお客さまは将来の成長に向けて果断
な投資に取り組み、個人のお客さまもデジタルも駆使した便利な日常生活、よりよい
人生を歩むためのライフプランの実現を模索しています。

　当行を含むMUFGグループは、「世界が進むチカラになる。」というパーパス（存
在意義）を掲げています。このパーパスには、お客さまをはじめとする全てのステー
クホルダーが課題を乗り越え、新たなステージへと進むチカラになる、そのために全
力を尽くすという、私たちの決意を込めています。

　2021年度からはじめた中期経営計画の下で、当行はこれからも挑戦と変革を続け、
利便性の高い多様なチャネルを通じて、お客さまのニーズに応えるサービスを安心・
安全に提供していきます。皆様の課題解決に貢献し、未来を切り拓く強い銀行となる
ことを目指し、全行員一丸となり進んで参ります。
これからも一層のご支援を賜りますよう、よろしくお願い申し上げます。

株式会社三菱ＵＦＪ銀行

取締役頭取執行役員

半沢　淳一

✔ 会社データ

代表者氏名	取締役頭取執行役員　半沢 淳一
資本金	17,119億円（単体）
株主	株式会社三菱ＵＦＪフィナンシャル・グループ（100％）
設立日	1919年（大正8年）8月15日
従業員数	32,786人（2023年3月末現在、単体）
支店等	国内421、海外105（2023年3月末現在）
本店所在地	東京都千代田区丸の内二丁目7番1号

✔ 仕事内容

オープン

法人業務、リテール業務、プライベート・バンキング業務、国際業務、投資銀行業務、市場業務、システム／デジタル関連業務、会計業務（日米基準）、ガバナンス関連業務、本部（含む企画・人事）などの金融業務全般で専門知識を学び、経営的視点を養うことで、銀行にとどまらずMUFG全体での活躍が期待されるコース。

グローバル

入行から一定期間の間に国内外の「グローバル関連業務」を経験し、専門性を高め、法人業務、リテール業務、国際業務、投資銀行業務、市場業務、システム／デジタル業務、会計業務、リスク管理業務、本部（企画・人事）などの金融業務全般でプロフェッショナルとなることを展望し、高いパフォーマンスを発揮し、活躍することを期待される職種。

カスタマーサービス

国内支店にて、法人・個人のお客さま向けの預金為替・融資などの事務や、個人のお客さま向けのコンサルティング業務を行う。その後、本部にて支店経営に関する企画・管理・オペレーション業務などに従事し、将来的には支店・事務センターなどでマネジメントを担うことが期待される。

トレードビジネス

東京・名古屋・大阪の外国為替事務オフィスや業務推進部署で外国為替の実務に従事。外国送金や貿易決済の事務を通じて専門知識・スキルを習得するほか、お客さまのグローバルビジネスにおける課題解決に向けたアドバイザリー業務を行う。将来的には外国為替業務のプロフェッショナルとして、現場や本部のマネジメントを担うことが期待される。

ファイナンシャル・テクノロジー

価格変動リスクを適正に管理するためのデリバティブ価格計算モデルの開発やトレーディング、銀行全体のリスク管理や資本運営、最先端の金融商品開発を担う業務。高度な数理・情報科学の専門知識と金融実務の知識を駆使し、モデル開発に取り組む。

戦略財務会計

国内外の株式・債権の機関投資家やアナリスト、個人投資家に対して、財務情報や、経営戦略、経営層の考えなどの非財務情報を提供していく仕事。 また、投資家やアナリストとの面談の中で得られた MUFG に対する外部からの評価や期待を経営にフィードバックする役割も担う。

システム

高度な金融知識と IT スキルを駆使して、銀行サービスという社会インフラの構築と運用を担う。 デジタル化が進展し AI やビッグデータの活用が進む中、最先端のテクノロジーを活かしながら業務の効率化やサービスの高度化、新たなビジネスモデルの創造を担う。

デジタル

フィンテックを中心とする新しいデジタル技術やサービスを吸収・分析し、実ビジネスに結びつけていくことが主なミッション。MUFG の既存ビジネスを改善し育てていくとともに、まったく新しいビジネスの創出も期待される。

ウェルスマネジメント

大企業のオーナーなど超富裕層のお客さまの金融資産に限らず、不動産や、貴金属・美術品などの非金融分野をもカバーし、お客さまご一族全体の資産管理や承継をオーダーメイドで提案し、その実現のサポートを行う業務。 さまざまなニーズに応えるために、お客さまを深く理解するとともに MUFG 各社の総合力を駆使するための幅広い知識と実行力が求められる。

グローバル・マーケッツ

市場事業本部にて、トレーディング、セールス、トレジャリーなどのマーケット業務に従事。自らの判断で巨額の資金を動かすため、マーケットに対するロジカルな分析力と強い精神力が求められる。MUFG のパートナー企業である証券や信託、海外拠点など、幅広いフィールドでの活躍が期待される。

✔ 先輩社員の声

MUFG グループの総合力で
グローバル企業の経営戦略を実現に導く。
業界の将来を見据え，
プロジェクトを前へ進めていく醍醐味。

【総合職　大企業取引】

01　日本を代表する企業の経営課題をともに担う

私は現在，営業第一本部営業第二部に所属し，大手自動車メーカーを担当しています。日本が世界に誇る企業の経営課題に深く関わり，事業を支えていくということだけに留まらず，日本経済の根幹産業の一つである自動車産業のグローバル競争力を高めるために，MUFG が持つリソースを駆使してダイナミックにサポートをしていくことに私は大企業担当者としての魅力を感じています。

02　信頼関係を基礎にグローバル決済システムの導入を実現

その自動車メーカーを担当してすぐに，当社がグローバルベースでの資金決済（※）システムを構築するというプロジェクトに携わりました。

世界での自動車販売台数を拡大している当社では，国境を跨いだ資金の決済も増え続け，毎月数千億円規模まで拡大したことから，財務の効率性が低下し，内部のオペレーション（※※）も複雑化するなど，スピーディーかつ確実に世界中の決済をできるインフラを作ることが経営課題の一つとなっていました。そこで，社内に「商流を正確に整理しながら，世界中に広がる資金決済を集約」することによりオペレーションの高度化を実現できる新たなグローバル決済システムを構築するプロジェクトが立ち上がりました。

担当である私は，システムの機能面だけでなく，お客さまにご納得いただけるサービスを何らか提供できないかと考え，銀行内の国際業務や決済業務を専門に担当する部署だけでなく，MUFG グループ各社とも連携して提案を検討するチームを立ち上げました。これまで当行が，当社との長い年月を経て築き上げてきた信頼関係から，当社内の関係する部署からヒアリングするなど，当社が真に解決したいことが何なのかを丁寧に把握するように心がけました。決済の対象となる国々の法制度や税務だけでなく，商習慣にも対応した仕組みを提案し，お客さまから「ここまでグローバルにサポートをしてくれるなら」と遂にこの資金決済プロジェクトの開発を任される銀行として指名を受けました。

お客さまの要求に合ったサービスを提供するだけでなく，＋αの付加価値を如何に提供していくか，これこそが大企業担当者として一番大切なことだと改めて感じる仕事でした。

※資金決済：売上代金の回収や仕入代金の支払（振込・送金・輸出入）等
※※オペレーション：送金指示や支払期日の管理，請求書の確認，口座残高管理等資金決済を行う際に必要な操作のこと。

03　海外赴任で感じた「日本の銀行で働く」とは…

以前，私は 9 年間ニューヨークに駐在しておりました。海外勤務をする中で，特に強く感じたのは，日本の銀行で働くことの意義は「日本の産業・経済を支えていく」ということだということでした。そして，世界で活躍する日本企業のニーズや問題に真摯に応えていくことこそ，日本の銀行が果たすべき役割だということでした。お客さまが目指す方向に，共に進んで行くことができる集団を目指して，"Japan as No.1" と言われた日本のものづくりの自信を取り戻し，日本を世界で誇れるものにしていきたい。それが，私の今の目標であり，活力となっています。

経済制裁への対応を万全なものにして
金融システムの健全性を守る。

【ビジネス・スペシャリスト職】

01 「グローバル」「社会貢献」をキーワードに出会ったMUFG。

大学時代、米国に1年半ほど留学した経験があり、就職に際してはグローバルベースで社会貢献できる仕事に就きたいと思っていました。説明会や面接でお会いした先輩行員の、エッセンシャルワーカーとしての使命感や責任感、そしてそれを感じさせる芯の強さだけではなく、同僚の活躍を誇らしく語る温かな人間性にも触れ、私もこのような魅力的な方々とともに働き、自分自身の成長にも繋げていきたいと強く感じました。

入行してからこれまで、一貫してコンプライアンス・金融犯罪対応の領域を担当しています。当部は本部を米国ニューヨークに構える部署であるため、日々の業務で使用する資料やメールの大半も英語であり、留学で得た異文化コミュニケーションスキルや異文化に関する知識が、海外拠点の同僚とやりとりをする際に活きていると日々実感しています。

02 国の施策を担う最前線銀行としての社会的責務を果たす。

銀行は法人・個人に向けてさまざまな金融サービスを展開している社会の重要インフラです。より使いやすいものにしていくことはもちろんですが、同時に、そうしたサービスが金融犯罪に利用されることのないように配慮しなければなりません。マネー・ローンダリング（資金洗浄）の防止、経済制裁への対応を通して、金融システムの健全性を維持する責務があります。

私の仕事は、グローバル経済制裁の分野で、経済制裁に関連するさまざまな規制に違反しないよう、行内で行われる取引のルールを定め、また個々の取引を精査することです。当部は国の施策に基づきそれを実効性のあるものにする最前線であり、もし判断を誤ってしまった場合、国内外の法令違反に直結し、銀行の社会的責任が問われることとなるため、日々緊張感をもって仕事に取り組み、お客さまのため、そして時には国のために使命感をもって働いています。

なかにはルールを厳格に適用することが、善意の送金を止めることになりうることから、適否の判断の難しいものもありますが、少しでも気になることがあれば立ち止まって考え、上司や先輩に相談しています。上下関係を気にせず意見ができる環境づくりを大切にしてくださる上司・先輩に恵まれ、私自身も、常にチームメンバーに気を配りながら仕事をするよう心がけています。

03 3年目で経験したタイ出張。今後のキャリアを考えるきっかけとなった。

入行3年目の秋、タイのアユタヤ銀行に出張する機会がありました。タイ語以外話すことができないローカルスタッフがパートナーバンクである当行のために懸命に働いている姿や、日本人行員がローカルスタッフと工夫をこらしてコミュニケーションを取っている姿を見て、互いの文化に敬意を払い、一つの目的のために力を合わせる──良い意味でのカルチャーショックを受けて帰国したことを覚えています。将来は私も海外拠点での勤務や、海外拠点とより密接に繋がる仕事に挑戦したいと思い、タイ出張は総合職転換を強く心に決めたきっかけでもありました。

今後は、現在担当しているコンプライアンス・金融犯罪対応の領域でオールラウンダーなプロとなり、グローバルベースで活躍できる人材となることを目標とし、より専門性を高め幅広く対応できるスキルを養うために、経済制裁以外の業務にも積極的に挑戦していきたいと考えています。

年次や役職に関係なく、お互いを対等に扱い、やる気や挑戦を高く評価する雰囲気が当行にはあります。その環境に感謝し、私もまたその良き伝統を受け継ぎ、さらに成長を重ねていきたいと思います。

✔ 募集要項

総合職

募集職種	オープン
応募資格	2024年6月までに4年制大学または大学院を卒業・修了済み、または卒業・修了見込みの方
職務内容	法人業務、リテール業務、プライベート・バンキング業務、国際業務、投資銀行業務、市場業務、システム/デジタル関連業務、会計業務（日米基準）、ガバナンス関連業務、本部（含む企画・人事）など金融業務全般
期待要件	法人業務、リテール業務、国際業務、投資銀行業務、市場業務、システム/デジタル業務、会計業務、リスク管理業務、本部（企画・人事）などのグローバル関連業務を含めた金融業務全般でプロフェッショナルとなることを展望し、全社的視野に立って、高いパフォーマンスを発揮し、活躍することを期待。 入社後、本人の希望、適性を考慮した異動、社内公募制度を設定。入行当初の配属は「営業拠点及び上記の業務に関わる部署（本部など）」

募集職種	グローバル
応募資格	2024年6月までに4年制大学または大学院を卒業・修了済み、または卒業・修了見込みの方 以下のすべての条件を満たす ①日本語力・英語力ともにネイティブレベル （TOEICを語学の基準としないが、900点以上が望ましい） ②本邦以外での在住歴（連続4年以上の滞在経験を目途）
職務内容	以下に付随する海外関連業務 法人業務、リテール業務、プライベート・バンキング業務、投資銀行業務、市場業務、システム/デジタル関連業務、会計業務（日米基準）、ガバナンス関連業務、本部（含む企画・人事）など金融業務全般
期待要件	入行から一定期間の間に国内外の「グローバル関連業務」を経験し、専門性を高め、法人業務、リテール業務、国際業務、投資銀行業務、市場業務、システム/デジタル業務、会計業務、リスク管理業務、本部（企画・人事）などの金融業務全般でプロフェッショナルとなることを展望し、全社的視野に立って、高いパフォーマンスを発揮し、活躍することを期待。 入行当初の配属は「グローバル業務領域の本部部署（含む短期営業拠点ローテーション）」入社後、本人の希望、適性を考慮した異動により、早い段階で海外での業務を展望する。

募集職種	ファイナンシャル・テクノロジー
応募資格	2024年6月までに4年制大学または大学院を卒業・修了済み、または卒業・修了見込みの方
職務内容	・新しい金融商品の開発や時価評価モデル開発 ・AI、機械学習などを活用したデータ分析業務 ・時価評価やリスク管理システムの開発 ・高頻度電子取引やアルゴリズム取引のモデル開発やトレーディング手法の高度化 ・ALMやCPMのポートフォリオ最適化モデル開発やリスク分析 ・市場リスクや信用リスクの計量モデル開発やモデル検証業務
期待要件	大学・大学院で身に付けた数学、物理学、情報工学、金融工学、統計学、計量経済学、データサイエンスなどの専門分野の知識を活かし、金融商品開発やモデル開発、データ分析、トレーディング、ポートフォリオ最適化、リスク管理などの業務で、プロフェッショナルとして高いパフォーマンスを発揮することを期待します。入行後は、本部研修を通じて、金融実務、金融工学、データ分析手法、ITの基礎（プログラミング言語など）を習得した上で、主に市場部門やリスク管理部門（海外勤務を含む）において、金融商品開発やモデル開発業務、データサイエンティスト業務、市場・信用リスク管理業務、トレーディング業務などの実務経験を積み、当該業務におけるプロフェッショナルとなることを展望します。入行当初の配属は「市場部門やリスク管理部門」

募集職種	戦略財務会計
応募資格	2024年6月までに4年制大学または大学院を卒業・修了済み、または卒業・修了見込みの方
職務内容	・当行ならびにMUFGグループ（含む海外）の決算・税務申告業務 ・事業部門に対する会計・税務アドバイザリー業務 ・会計・税務処理方針のMUFGグループ内統一運営・管理 ・グローバル税務戦略 ・会計・税務領域におけるデジタライゼーション　他
期待要件	会計（日米基準、IFRS）・税務の分野に対する強い興味を有し、入行後も高度かつ専門的なスキル向上に意欲的な方。また、高い語学力を身につけようとする思いのある方。グローバルに展開する金融機関に相応しい能力を発揮し、活躍することを期待。具体的には、入行後、国内営業拠点において金融業務の基礎を身につけた上で、銀行の本部セクションにて会計・税務業務に従事。将来は、会計・税務のプロフェッショナルとして、幅広いビジネスフィールドで経験を積み、経営に貢献できる人材となることを展望。入行当初の配属は「会計・税務業務に関わる本部部署（含む短期営業拠点ローテーション）」

募集職種	システム・デジタル
応募資格	2024年6月までに4年制大学または大学院を卒業・修了済み、または卒業・修了見込みの方
職務内容	①全社的なシステム戦略・デジタルトランスフォーメーションの企画・推進業務（システムアーキテクチャーの検討、ITを活用した業務プロセス高度化、データを活用したモデル構築・マーケティング、スマートワークの推進など） ②経営・事業戦略を実現するシステム開発・運用業務（プロジェクトマネジメント、ビジネスデザイン・アプリケーション開発、UI/UX改善、システムインフラ構築、デジタルエンジニアリングなど） ③グローバルベースでのITガバナンス・リスクにかかる企画・管理業務（サイバーセキュリティ対策、システム障害・災害対策、AML・規制・当局対応など） ④デジタルをベースとした金融サービスの企画開発・新事業立ち上げ・AIなど最先端技術の利活用・国内外のデジタル技術の調査と活用・オープンイノベーション・外部事業者とのアライアンス推進など ⑤BPR（Business Process Re-engineering）手法を活用した、End to Endでの抜本的な業務の見直し・デジタル化・自動化を推進など
期待要件	IT分野に対する強い興味を有し、銀行業務知識とITスキルを兼ね備えたプロフェッショナルとして、国内外のシステム企画・開発業務、AIなど先進技術を活用した新ビジネスの企画と立ち上げ、DXの推進などで活躍することを期待。大学・大学院で身につけた専門分野の知識を活かし、若しくは入行後にITスキルを身につけた上で、ITを活用した「攻め：変革への挑戦」と「守り：信用信頼の要」の役割をプロフェッショナルとして担う。 入行後は、ビジネス・IT研修を通じて、金融実務・ITの基礎を身につけた上で、システム・デジタル関連部署において、システム開発業務やIT・先端技術を活用した事業変革、新たな金融サービスの企画開発に関する業務の実務経験を積む。将来的には、ITをコアスキルに持つ人材として、国内・海外拠点にて広く活躍することを展望。 入行当初の配属は「システム・デジタル関連部署」

募集職種	ウェルスマネジメント
応募資格	2024年6月までに4年制大学または大学院を卒業・修了済み、または卒業・修了見込みの方
職務内容	・富裕層顧客向けアドバイザリー業務（資産運用・資産承継・事業承継など） ・ウェルスマネジメントに係る企画業務 他

期待要件	ウェルスマネジメント業務に対する強い関心とコミットメントを有し、富裕層顧客向けアドバイザリー業務におけるプロフェッショナルとして活躍する意欲のある方。 入行後には、FP1級・CFP・宅建などの公的資格取得に加え、企業経営の知識やリベラルアーツを主体的に習得することが必要。加えて、短期間で金融業務の基礎を身につけた上、国内外のウェルスマネジメント関連部署で専門的な経験を積み、富裕層向けアドバイザリー業務のプロフェッショナルとして早期に活躍することを期待。入行当初の配属は「ウェルスマネジメント関連部署（含む短期営業拠点ローテーション）」

総合職　共通項目

初任給	大学院卒のうち、学士4年及び修士2年の課程を修了した者：280,000円 大学院卒のうち上記より修業年限の短い者：261,000円 大学卒：255,000円 ※ファイナンシャル・テクノロジー、戦略財務会計、システム・デジタル、ウェルスマネジメントにおいて、本人の技能・経験などが一定基準より高い方については、初任給以上の給与を個別に適用することがあります。 ※初任給にはシニアライフプラン支援金10,000円を含みます。 ※博士課程卒の方については、別途ご相談ください。
勤務地	原則として転居を伴う異動があります。但し、別に定める勤務地区分を選択可能とします。 【勤務地区分】 Ⅰ：全国グローバル 本人の同意なく、国内海外を問わず　転居を伴う異動があります。 Ⅱ：国内ブロック・本部 本人の同意なく、転居を伴う「東日本」「中部」「西日本」の各地域ブロック内および全地域の本部への異動があります。 ＜東日本ブロック＞北海道・東北・関東エリア ＜中部ブロック＞中部・北陸エリア ＜西日本ブロック＞関西・中国・四国・九州エリア *ライフデザインや環境変化等に応じ、全総合職が、原則年に1回、勤務地区分を選択・変更することが可能です。また、区分Ⅱ（国内ブロック・本部）を選択する場合は、併せて「地域細区分（東日本・中部・西日本）」を選択・変更できます。 ※就業場所は屋内原則禁煙（一部は喫煙専用室設置）

✔ 採用の流れ　（出典：東洋経済新報社『就職四季報』）

エントリーの時期	【総】3月〜5月
採用プロセス	【総】ES提出・Webテスト（3〜5月）→面接（6月）→内々定（6月）

✔2023年の重要ニュース（出典：日本経済新聞）

■三菱UFJ銀行、店頭振込手数料990円　ネットは据え置き（4/27）

　三菱UFJ銀行は27日、10月2日から店舗の窓口やATMの振込手数料を引き上げると発表した。最大で500円を超える上げ幅となる。11月までに外国への送金や現金の両替にかかる手数料も上げる。現金取引に起因するリテールの経費の重さは業界共通の課題で、追随の動きが広がる可能性がある。

　現金の取り扱いやマネーロンダリング（資金洗浄）対策に要するコストが増している。利用者の負担を上乗せする。

　3メガバンクの三井住友銀行、みずほ銀行は振込手数料の引き上げは現時点で予定していないとする。ただ、窓口やATMでの現金の取り扱いの事務コストは高まっている。最大手の三菱UFJ銀行の動きを受け、地方銀行の一部でも改定を検討する動きがある。

　三菱UFJの銀行窓口で他行の口座に振り込む際の手数料は現在、3万円未満で594円、3万円以上で770円。10月から3万円を境にした区分をなくし、990円でそろえる。

　ATMを使う際の現金の振込手数料は三菱UFJ銀行の口座向けで220円、440円だが550円に統一。他行向けで374円、550円だった手数料は880円に改める。インターネットバンキングの手数料は据え置き、ネット取引に利用者の移行を促す。

　外国送金などの店舗での手数料は11月20日に改定する。送金先によって2500〜7500円と異なる手数料を7500円に一本化する。店頭で両替する場合の手数料は11〜500枚で550円だったのを770円にする。

　三菱UFJ銀の手数料改定の背景にあるのは2021年の「全国銀行データ通信システム（全銀システム）」を通じてやり取りする銀行間の送金手数料の引き下げだ。3万円未満の場合は117円、3万円以上なら162円だったのを「一律62円」にした。

　三菱UFJを含む大手銀行は呼応して21年にネットを経由する振込手数料を下げた。3万円を境に変わる手数料などが根拠のない名残として残った。

　同時に手数料の抜本的な改定を模索する動きもあったが、金融庁などに消極論があり見送った経緯がある。三菱UFJ銀は統一地方選の終了なども見据えて引き上げを判断した。

■三菱UFJ銀行、24時間ATMを終了　コスト減へ年度内にも（5/2）

　三菱UFJ銀行は2023年度中にも、ATMの24時間稼働を終了する。東京や大阪、愛知など都市部を中心に全国98拠点でATMを24時間利用できるようにしているが、今後は原則として、稼働時間を最長でも午前6時から翌日の午前0時までの18時間に短縮する方針だ。キャッシュレス化などで利用が減った未明の稼働を止め、コストの削減につなげる狙いがある。

　今年9月までに91拠点で、年度内には残る7拠点でも、24時間稼働を終える見通し。稼働を止める午前0時〜午前6時までのATMの利用件数は全体の0.1％程度にとどまり、5年前から半減しているという。キャッシュレス化が進んだほか、コンビニエンスストアで24時間使えるATMが増えたこともあり、顧客への影響は限られると判断した。

　銀行にとって店舗やATMのネットワークを維持するための負担は重く、収益の改善が課題となっている。経済産業省は現金決済のインフラを維持するコストを年2兆8000億円程度と推計する。地方銀行では北国銀行が24年9月までに店舗外のATMを廃止する方針を明らかにしている。

■三菱UFJ銀行、生成AIを110業務で導入　手続き照会など（6/27）

　三菱UFJフィナンシャル・グループは生成人工知能（AI）を行内の事務の手続き照会や通達の添削など110を超える業務で導入する。年内に全行員に利用を開放して法律相談やメールの案文作成、リポートの要約などを含め順次対応する業務を増やす。回答の精度を向上させるため、生成AIが参照する行内情報の基盤を2024年度にも整備する。

　27日に都内で開いたイベントで傘下の三菱UFJ銀行・デジタルサービス企画部の各務茂雄部長が明かした。行員の質問に生成AIが行内の情報を交えて回答できるようにする。各部門のニーズに即した的確な回答を可能になるとみる。

　基盤に取り込むデータは営業店の手続きの手順や市場の値動き、本部の企画書や通達、稟議（りんぎ）書やコールセンターのマニュアルや問い合わせ情報などを想定する。データ基盤の整備にあたっては機密書類の内容を開示範囲外の行員に答えることがないように設定する。

　参照できるようにするデータ量は行内外あわせてCD140万枚分に相当する1ペタ（ペタは1000兆）バイト以上にのぼる見通し。生成AIは3メガバンクを含む大手金融機関が導入で用途を探る。

✔2022年の重要ニュース (出典：日本経済新聞)

■通帳発行で年550円　デジタル移行促す（1/13）

　三菱UFJ銀行は4月から、新規に口座を開設して紙の通帳を発行する場合は年間550円の手数料を徴収する。通帳発行コストを抑え、デジタルサービスへの移行を促すのが狙い。通帳に関する手数料は三井住友銀行やみずほ銀行、地方銀行も設けている。サービス維持のために適正な対価をとる。

　月内にも発表する。一定年齢以上の高齢者には手数料の負担を求めない。すでに三菱UFJ銀は2年以上、利用されていない休眠口座からは維持手数料として年間1320円を徴収しているが、通帳発行への手数料はとってこなかった。

　スマートフォンで入出金を管理できるシステムが整っており、記帳のニーズは薄れている。一方、通帳は1口座あたり年間200円の印紙税がかかっており、銀行にとって無視できないコストになっている。三井住友銀は年間550円、みずほ銀や横浜銀行は発行時に1100円の手数料をとっている。

■三菱UFJ銀行、「NFT」などデジタル資産事業に参入（3/2）

　三菱UFJ銀行はアニメやゲームなどのコンテンツを改ざんやコピーが難しい形でデジタル化できる非代替性トークン（NFT）などのデジタル資産事業に参入する。香港の大手、アニモカブランズと協業し、NFTの発行支援や取引市場の運営など幅広い事業を検討する。邦銀でNFT関連事業を手掛けるのは初めて。年内にもサービスを始める。

　協業するアニモカブランズはブロックチェーン（分散型台帳）を使ったゲームやNFT、仮想空間「メタバース」などを手掛ける香港企業。2021年10月に日本に進出した。

　NFTはアニメや芸術作品などのコンテンツを改ざんできない形でデジタル化できる技術だ。コンテンツをもつ企業や個人と連携してNFTを発行しているほか、利用者同士が売り買いする取引市場もあり、金融機関としてのノウハウを生かせると判断した。売買時の本人確認や資産を安全に保管するなどの業務も視野に入れる。

■三菱UFJ銀行が在庫買い取り　3メガ初、規制緩和が後押し（7/5）

　三菱UFJ銀行は3メガバンクとして初めて企業の在庫を買い取るビジネスを始める。まずは国内の大企業を対象に始め、中堅・中小企業や外国企業にも取引

を拡大する。昨年秋に施行された改正銀行法で規制緩和が一段と進み、銀行が手掛けるビジネスの幅が広がってきた。

　日本企業は生産の効率性を高めるため、在庫を極力持たない経営を進めてきた。業種や企業規模によって異なるが、一般的に製造業では 0.5 ～ 2.5 カ月分の在庫を抱えているとされる。

　それでも新型コロナウイルスの感染を抑え込む中国の「ゼロコロナ政策」で現地の生産が滞り、物流に深刻な影響が出た。半導体が足りない自動車業界では生産調整を余儀なくされ、足元では在庫を積み増す動きも広がっている。

　三菱 UFJ 銀行が立ち上げる新会社は買い手と売り手の間に入り、買い手に代わって在庫を引き取ることで企業が財務負担を抑えながら積み増せるようにする。三菱 UFJ は新会社に必要な資金を貸し付ける。

　全額出資の新会社が企業の在庫を抱えるため、銀行の連結バランスシートには取引先の半導体や小麦などが乗ることになる。グループの貸出残高は今年 3 月末時点で 110 兆円。在庫の買い取りに伴う銀行の貸出残高は 5000 億円程度とみられ、「リスクは限定的」としている。

　これまで企業の資金調達を支える目的であっても、銀行の子会社が企業の在庫を引き取ることはできなかった。昨年秋に施行された改正銀行法で認められるようになり、新たなサービスの開発につながった。

■三菱 UFJ、サイバーエージェントと広告事業　データ活用（7/15）

　三菱 UFJ 銀行は 15 日、サイバーエージェントと組んで広告事業への参入を検討していることを明らかにした。銀行が抱える個人情報をもとに、広告主の意向に沿った顧客層へ広告やメールを配信する。昨年 11 月施行の改正銀行法で、広告やマーケティングに関する業務が銀行にも認められた。非金融事業の拡大で新たな収益源の獲得につなげる。

　9 月末までに試行してから本格的に始める。同行の個人顧客は約 3400 万人。年齢や性別、居住地に加えて運用商品の購入など銀行との取引も加味し、広告主のターゲットになりそうな顧客層に広告を掲出したり、メールを配信したりする。サイバーエージェント側に個人情報を提供することはないとしている。共同出資会社の設立も検討する。

✔2021年の重要ニュース <small>(出典：日本経済新聞)</small>

■口座手数料の導入発表　7月以降の新規対象（1/22）

　三菱UFJ銀行は22日、2年以上利用がない口座に手数料をかけると発表した。7月1日以降に新規に開設した分が対象で、年1200円（税別）を口座管理手数料として徴収する。同様の手数料は三井住友銀行が4月に導入する予定で、みずほ銀行は18日に紙の通帳発行に手数料を導入した。インターネットでの取引を促すための新たな手数料設定が3メガバンクで出そろった。

　三菱UFJ銀はインターネットバンキングの利用者を優遇するサービスも6月に始める。スマートフォンアプリなどから申し込むと、投資信託や住宅ローンの契約状況に応じて、共通ポイント「Ponta（ポンタ）」が毎月たまる。給与振込口座に指定している人やネット通帳の利用者は、提携先のコンビニATMの利用料が月1～2回無料になる。

　三井住友銀はネットバンキングの利用者や、口座の残高が1万円以上ある人は口座管理手数料の対象から外した。

　同様の手数料は地方銀行や信用金庫でも導入が拡大している。マネーロンダリング（資金洗浄）や金融犯罪を防ぐための本人確認やセキュリティー対策を厚くするなか、口座を維持するためのコストは増えている。長年利用がない口座は犯罪に使われやすいことも手数料が広がる背景にある。

■三菱UFJ、再生エネ対象　300億円の投資ファンド（2/19）

　三菱UFJ銀行は19日、再生可能エネルギーを対象とした投資ファンドを2021年度中に立ち上げると発表した。ファンドの規模は300億円程度で、既設の太陽光発電所を主な投資先とする。発電した電力の一部は電力小売業者を通じて自社施設向けに調達する。三菱UFJ銀はこれとは別に700億円の融資枠も設ける。

　ファンドには三菱UFJ銀や金融機関のほかに、再エネ電力の導入を進める国際的な企業連合「RE100」に参加する企業などが投資する見通し。投資先には風力発電所のほか、将来的には水素発電や分散型電源も加える方針だ。

　三菱UFJ銀は投融資先が発電した電力を活用し、本店や支店など保有する全施設で使う電力を30年までに再生エネ由来に切り替える目標を掲げる。ファンドの規模は将来的には3000億円程度を目指す。

■新卒年収 1000 万円も　デジタル人材を確保（3/12）

　三菱 UFJ 銀行は 2022 年春の新卒採用の一部に、能力に応じて給与が決まる仕組みを導入する。デジタル技術などの専門人材が対象で年収は大卒 1 年目から 1000 万円以上になる可能性がある。一律 300 万円程度としてきた体系を改め、IT（情報技術）企業や外資系に流れていた人材を取り込む。横並びの意識が強かった銀行も人事・賃金制度の改革を競う時代に入る。

　新制度によってデジタルやシステムのほか、金融工学や富裕層ビジネスなどの分野で専門的な知識や能力を持つ若手を獲得する。新卒採用全体の約 1 割にあたる 40 人程度の専門人材を適用の検討対象とする。初任給に差を設けるのは大手行で初めてとなる。

　対象者は一般の社員と同様に無期雇用だが、給与水準は人事担当役員らで構成する委員会が毎年審議する。前年に比べて下がることもある。人事部が外部の報酬調査会社や人材仲介業者に同等の能力を持つ人の報酬水準を聞き取り、労働市場の実態も踏まえて決める。

　銀行は新卒一括の大量採用で、給与は支店配属後にほぼ一律で引き上げるのが一般的だった。長引く低金利や社会のデジタル化で、伝統的な金融ビジネスは低収益で高コストな部分が目立ってきた。フィンテックなどの新分野を開拓して成長力を高めるにも、優秀なデジタル人材の確保が急務になっている。

　これまで三菱 UFJ 銀は IT 企業などに比べて給与水準が見劣りすることなどを理由に、採用競争で後れを取る場合があった。日本の大手企業でも NEC やソニーは初任給から差をつける制度を既に取り入れている。経団連も 21 年の春季労使交渉（春闘）で職務内容に応じて報酬が決まる「ジョブ型雇用」を新卒にも盛り込むよう提言した。

　三菱 UFJ 銀は横並びの人事制度を変え、組織風土の改革を急いでいる。19 年には職務に応じて若手を登用しやすくする人事制度も始めた。20 年の春闘では一律で給与を上げるベースアップ（ベア）に基づく交渉を廃止し、実力次第で賃上げ幅が変わるようにした。今回新卒採用に適用する専門人材の報酬制度は、19 年度に社内人材向けとして導入した。グループ内で横断的に能力を生かせるよう持ち株会社に籍を置く。

✔ 就活生情報

> まずはインターンルートに乗ることが一番重要。このルートに乗り損ねるとかなり高い倍率の本選考になってしまうため，インターンの参加は死守する

総合職（オープン） 2023年度採用

エントリーシート

- ・形式：採用ホームページから記入
- ・内容：学生生活の中で力を入れて取り組んだ内容，その行動事実を具体的に詳しく，当行を志望した理由　等

筆記試験

- ・形式：Webテスト
- ・科目：数学，算数/国語，漢字/性格テスト。内容：TG-WEBとTAL

面接（個人・集団）

- ・雰囲気：和やか
- ・回数：3回
- ・質問内容：ESのオーソドックスな深掘り，金融業界・三菱UFJ銀行の志望動機，銀行と保険業界は何が違うと思うか，幼少期について，人生の中で今の自分を形成した出来事やターニングポイント，自身の強みと弱み，挫折経験，入行したら何をしたいか，これからの銀行はどうなっていくと思うか
- ・回答からどんどん深ぼられていく。理由を尋ねる深掘りが多かった印象

内定

- ・拘束や指示：6月1日に内定承諾の面談がある
- ・通知方法：電話
- ・タイミング：予定通り

● その他受験者からのアドバイス

- ・フランクな方が多く、専攻がやりやすかった
- ・業務理解や他業界比較、他社比較などはかなり問われるため、時間をかけてコツコツと取り組む。余力があれば社員訪問などを通じてそのあたりの理解を深めて置けると内定に近づく。志望度の高さは確実にアピールする

企業研究も大切ですが，それ以上に自己分析が必要。
自分の短所も素直に受け止め，それを改善しようと
している気持ちを伝えましょう

アソシエイト職 2020卒

エントリーシート

・形式：採用ホームページから記入
・内容：学生時代に力を入れたこと，志望動機，やりたい業務など

セミナー

・選考とは無関係
・服装：リクルートスーツ
・内容：業務体感セミナー，座談会

筆記試験

・形式：Webテスト
・科目：数学，算数／国語，漢字／性格テスト

面接（個人）

・回数：3回
・質問内容：1次はブース形式。15分。一般的な質問の他，家庭環境。2次はブー
　ス形式。15分。1次と同様。3次は本館の個室。非常に重要な面接と案内さ
　れる。意思確認がメイン

内定

・拘束や指示：最終面接の際その場で内定通知，就職活動をやめるように指示
　を受けた

● その他受験者からのアドバイス

・1次面接から内々定までの選考スピードが速い。内々定をもらったあと，今
　までの面接のフィードバックをくれた

まず自己分析をし，そこから何をやりたいのか何なら頑張れるのかをみつける。そうすることで自然と志望動機も出来上がってきます

総合職 2019卒

エントリーシート
・形式：採用ホームページから記入
・内容：なぜ金融かなぜ銀行かなぜ三菱かなぜリテールかについて深く書いた

セミナー
・選考とは無関係
・服装：リクルートスーツ
・内容：座談会は社員と話す良い機会になった。OB訪問が少なかったのでここでの話はきいておいてとても役に立った

筆記試験
・形式：Webテスト
・科目：SPI（数学，算数／国語，漢字／性格テスト／一般教養・知識）

面接（個人・集団）
・雰囲気：普通
・回数：5回
・質問内容：ガクチカの深掘りがメイン。そこでどう思ってどう行動したのか。そこからの自分の意思や行動力，性格など人間性をアピールした

内定
・拘束や指示：内定が出たら，他社の選考は辞めるよう言われる
・タイミング：予定通り

▶ その他受験者からのアドバイス
・よかった点は，話をよく聞いてくれたこと。また時間も融通がきいた

面接は終始和やかな雰囲気でしたが，終盤の意思確認の段階からは顔つきも厳しくなり，本気度を見られていると感じました

総合職 2019卒

エントリーシート

・形式：マイページ上で。結果通知時期は1週間以内。結果通知方法はメール

セミナー

・選考とは無関係
・服装：リクルートスーツ
・内容：社員との座談会や逆質問，事業説明

筆記試験

・形式：TG-WEB
・面接時間は1時間30分程度。場所は自宅。結果通知方法はメールで

面接（個人・集団）

・質問内容：学生時代に力を入れたこと，なぜ金融，なぜ銀行，なぜメガバンクなのか，サービスやコンサルは考えなかったのか，説明会などでメガバンク3行を回ってみて，三菱UFJとみずほ・SMBCはどんなところが違うか等

内定

・拘束や指示：内定時期は6月上旬。承諾検討期間は，その場で承諾

● その他受験者からのアドバイス

・後半の意思確認の段階になってからの本気度から考えると，最終面接では三菱UFJ銀行に入りたいという熱意が何よりも重要だと感じました
・三菱UFJ銀行が第一志望だったので，偽りの無い私の熱い想いを訴え続けることを心掛けました

終始，行員の方々が非常に親切でした。自己分析と企業研究はしっかりやりましょう

アソシエイト職 2018卒

エントリーシート

・形式：指定の用紙に手で記入
・内容：大学から指定された履歴書と，HPから入力するES

セミナー

・選考とは無関係
・服装：リクルートスーツ
・内容：法人業務，リテール業務，窓口業務，外国為替業務の4つの種類のセミナーが行われる

筆記試験

・形式：Webテスト
・科目：数学，算数／国語，漢字／性格テスト

面接（個人・集団）

・雰囲気：普通
・質問内容：がくちか深掘り，子供の頃の自分について，性格，浪人について

内定

・通知方法：大学就職課
・タイミング：予定より早い

● その他受験者からのアドバイス

・学校推薦でしたが，メリットは面接の回数が少なくなるだけです。推薦を受けたからといって，必ず内定をもらえるわけではありません

自然体で自分らしい話をする面接ほど，通過できると思います。頑張ってください

総合職特定 2018卒

エントリーシート

・形式：採用ホームページから記入
・内容：志望動機，何故その職種を選んだか，学生時代に頑張ったこと

セミナー

・選考とは無関係
・服装：リクルートスーツ
・内容：行員の方との座談会がメイン

筆記試験

・記載無し

面接（個人・集団）

・雰囲気：和やか
・回数：4回
・質問内容：ESに沿った内容がベース。たまにどのような幼少期を過ごしたかなど聞かれる

内定

・拘束や指示：内々定をいただいたその場で，全ての選考・内定を辞退するように指示される
・タイミング：予定通り

新聞を読み政治，経済，企業の動き，世の中の動き
を掴んでおいた方がよい

総合職 2017卒

エントリーシート

・形式：採用ホームページから記入
・内容：業種の志望理由，学生時代力を入れたこと

セミナー

・選考とは無関係
・服装：リクルートスーツ
・内容：業務内容や他メガバンクとの違いなど，座談会形式

筆記試験

・形式：Webテスト
・科目：SPI（数学，算数／国語，漢字／性格テスト）

面接（個人・集団）

・質問内容：志望動機，学生時代力を入れたこと，自分はどんな人間か，入社
　後やりたい仕事

● その他受験者からのアドバイス

・面接では志望動機よりも，人となりや，これまでの学生生活などが重視さ
　れていたのが良かった。

同業他社との違いを明確にするために，他の銀行の研究もしておいたほうがいいと思う

三菱ＵＦＪフィナンシャル・グループ総合職 2016卒

エントリーシート

・形式：採用ホームページから記入
・内容：「学生生活の中で力を入れて取り組んだ内容」「総合職を選んだ理由」など

セミナー

・選考とは無関係
・服装：リクルートスーツ

筆記試験

・形式：Webテスト
・科目：数学，国語，性格テストなど

面接（個人・集団）

・回数：6回

グループディスカッション

・テーマ：「小学校へのタブレット端末の導入について保護者の観点から論ぜよ」。

内定

・拘束や指示：他社の選考を辞退するように指示

面接では笑顔で堂々と話すように心がけました。心配な人は何度も模擬面接をして練習しましょう

三菱UFJフィナンシャル・グループ総合職特定 2016卒

エントリーシート

・形式：採用ホームページから記入
・内容：「学生生活の中で力を入れて取り組んだ内容」「総合職特定を選んだ理由」など

セミナー

・選考とは無関係
・服装：リクルートスーツ

筆記試験

・形式：Webテスト
・科目：数学，国語，性格テストなど

面接（個人・集団）

・回数：4回
・質問内容：「自己紹介」「他社状況」「強み・弱み」「学生時代に頑張ったこと」など。

内定

・拘束や指示：入行まで健康で安全に過ごすこと，必ず卒業することなどを伝えられた

面接では，自分の言葉で自分を表現することを心がけましょう。熱意を持って臨めば道は拓けるでしょう

三菱UFJフィナンシャル・グループ総合職オープン 2016卒

エントリーシート

・形式：採用ホームページから記入
・内容：「学生生活の中で力を入れて取り組んだ内容」「総合職オープンを選んだ理由」など

セミナー

・選考とは無関係
・服装：リクルートスーツ
・内容：「業務内容説明」「行員への質問」など

筆記試験

・形式：Webテスト
・科目：数学，国語，性格テストなど

面接（個人・集団）

・回数：5回
・質問内容：「長所と短所」「志望動機」「学生時代に力を入れたこと」「内定状況」など。

内定

・拘束や指示：他社の選考の辞退，就職活動を終了するように指示された

✔ 有価証券報告書の読み方

01 部分的に読み解くことからスタートしよう

「有価証券報告書（以下，有報）」という名前を聞いたことがある人も少なくはないだろう。しかし，実際に中身を見たことがある人は決して多くはないのではないだろうか。有報とは上場企業が年に1度作成する，企業内容に関する開示資料のことをいう。開示項目には決算情報や事業内容について，従業員の状況等について記載されており，誰でも自由に見ることができる。

　一般的に有報は，証券会社や銀行の職員，または投資家などがこれを読み込み，その後の戦略を立てるのに活用しているイメージだろう。その認識は間違いではないが，だからといって就活に役に立たないというわけではない。就活を有利に進める上で，お得な情報がふんだんに含まれているのだ。ではどの部分が役に立つのか，実際に解説していく。

■有価証券報告書の開示内容

　では実際に，有報の開示内容を見てみよう。

有価証券報告書の開示内容

第一部【企業情報】
　　第1　【企業の概況】
　　第2　【事業の状況】
　　第3　【設備の状況】
　　第4　【提出会社の状況】
　　第5　【経理の状況】
　　第6　【提出会社の株式事務の概要】
　　第7　【提出会社の状参考情報】
第二部【提出会社の保証会社等の情報】
　　第1　【保証会社情報】
　　第2　【保証会社以外の会社の情報】
　　第3　【指数等の情報】

有報は記載項目が統一されているため，どの会社に関しても同じ内容で書かれている。このうち就活において必要な情報が記載されているのは，第一部の第1【企業の概況】～第5【経理の状況】まで，それ以降は無視してしまってかまわない。

02 企業の概況の注目ポイント

第1【企業の概況】には役立つ情報が満載。そんな中，最初に注目したいのは，冒頭に記載されている【主要な経営指標等の推移】の表だ。

回次		第25期	第26期	第27期	第28期	第29期
決算年月		平成24年3月	平成25年3月	平成26年3月	平成27年3月	平成28年3月
営業収益	（百万円）	2,532,173	2,671,822	2,702,916	2,756,165	2,867,199
経常利益	（百万円）	272,182	317,487	332,518	361,977	428,902
親会社株主に帰属する当期純利益	（百万円）	108,737	175,384	199,939	180,397	245,309
包括利益	（百万円）	109,304	197,739	214,632	229,292	217,419
純資産額	（百万円）	1,890,633	2,048,192	2,199,357	2,304,976	2,462,537
総資産額	（百万円）	7,060,409	7,223,204	7,428,303	7,605,690	7,789,762
1株当たり純資産額	（円）	4,738.51	5,135.76	5,529.40	5,818.19	6,232.40
1株当たり当期純利益	（円）	274.89	443.70	506.77	458.95	625.82
潜在株式調整後1株当たり当期純利益	（円）	―	―	―	―	―
自己資本比率	（％）	26.5	28.1	29.4	30.1	31.4
自己資本利益率	（％）	5.9	9.0	9.5	8.1	10.4
株価収益率	（倍）	19.0	17.4	15.0	21.0	15.5
営業活動によるキャッシュ・フロー	（百万円）	558,650	588,529	562,763	622,762	673,109
投資活動によるキャッシュ・フロー	（百万円）	△370,684	△465,951	△474,697	△476,844	△499,575
財務活動によるキャッシュ・フロー	（百万円）	△152,428	△101,151	△91,367	△86,636	△110,265
現金及び現金同等物の期末残高	（百万円）	167,525	189,262	186,057	245,170	307,809
従業員数[ほか、臨時従業員数]	（人）	71,729 [27,746]	73,017 [27,312]	73,551 [27,736]	73,329 [27,313]	73,053 [26,147]

見慣れない単語が続くが，そう難しく考える必要はない。特に注意してほしいのが，**営業収益**，**経常利益**の二つ。営業収益とはいわゆる**総売上額**のことであり，これが企業の本業を指す。その営業収益から営業費用（営業費（販売費＋一般管理費）＋売上原価）を差し引いたものが**営業利益**となる。会社の業種はなんであれ，モノを顧客に販売した合計値が営業収益であり，その営業収益から人件費や家賃，広告宣伝費などを差し引いたものが営業利益と覚えておこう。対して経常利益は営業利益から本業以外の損益を差し引いたもの。いわゆる金利による収益や不動産収入などがこれにあたり，本業以外でその会社がどの程度の力をもっているかをはかる絶好の指標となる。

■**会社のアウトラインを知れる情報が続く。**

　この主要な経営指標の推移の表につづいて,「会社の沿革」,「事業の内容」,「関係会社の状況」「従業員の状況」などが記載されている。自分が試験を受ける企業のことを,より深く知っておくにこしたことはない。会社がどのように発展してきたのか,主としている事業はどのようなものがあるのか,従業員数や平均年齢はどれくらいなのか,志望動機などを作成する際に役立ててほしい。

03 事業の状況の注目ポイント

　第2となる【事業の状況】において,最重要となるのは**業績等の概要**といえる。ここでは1年間における収益の増減の理由が文章で記載されている。「○○という商品が好調に推移したため,売上高は△△になりました」といった情報が,比較的易しい文章で書かれている。もちろん,損失が出た場合に関しても包み隠さず記載してあるので,その会社の1年間の動向を知るための格好の資料となる。

　また,業績については各事業ごとに細かく別れて記載してある。例えば鉄道会社ならば,①運輸業,②駅スペース活用事業,③ショッピング・オフィス事業,④その他といった具合だ。**どのサービス・商品がどの程度の売上を出したのか**,会社の持つ展望として,今後**どの事業をより活性化**していくつもりなのか,などを意識しながら読み進めるとよいだろう。

■**「対処すべき課題」と「事業等のリスク」**

　業績等の概要と同様に重要となるのが,「**対処すべき課題**」と「**事業等のリスク**」の2項目といえる。ここで読み解きたいのは,その会社の**今後の伸びしろ**について。いま,会社はどのような状況にあって,どのような課題を抱えているのか。また,その課題に対して取られている対策の具体的な内容などから経営方針などを読み解くことができる。リスクに関しては法改正や安全面,他の企業の参入状況など,会社にとって決してプラスとは言えない情報もつつみ隠さず記載してある。客観的にその会社を再評価する意味でも,ぜひ目を通していただきたい。

　次代を担う就活生にとって,ここの情報はアピールポイントとして組み立てやすい。「新事業の○○の発展に際して……」,「御社が抱える●●というリスクに対して……」などという発言を面接時にできれば,面接官の心証も変わってくるはずだ。

　最後に注目したいのが，第5【経理の状況】だ。ここでは，簡単にいえば【主要な経営指標等の推移】の表をより細分化した表が多く記載されている。ここの情報をすべて理解するのは，簿記の知識がないと難しい。しかし，そういった知識があまりなくても，読み解ける情報は数多くある。例えば**損益計算書**などがそれに当たる。

連結損益計算書

（単位：百万円）

	前連結会計年度 （自 平成26年4月1日 至 平成27年3月31日）	当連結会計年度 （自 平成27年4月1日 至 平成28年3月31日）
営業収益	2,756,165	2,867,199
営業費		
運輸業等営業費及び売上原価	1,806,181	1,841,025
販売費及び一般管理費	※1 522,462	※1 538,352
営業費合計	2,328,643	2,379,378
営業利益	427,521	487,821
営業外収益		
受取利息	152	214
受取配当金	3,602	3,703
物品売却益	1,438	998
受取保険金及び配当金	8,203	10,067
持分法による投資利益	3,134	2,565
雑収入	4,326	4,067
営業外収益合計	20,858	21,616
営業外費用		
支払利息	81,961	76,332
物品売却損	350	294
雑支出	4,090	3,908
営業外費用合計	86,403	80,535
経常利益	361,977	428,902
特別利益		
固定資産売却益	※4 1,211	※4 838
工事負担金等受入額	※5 59,205	※5 24,487
投資有価証券売却益	1,269	4,473
その他	5,016	6,921
特別利益合計	66,703	36,721
特別損失		
固定資産売却損	※6 2,088	※6 1,102
固定資産除却損	※7 3,957	※7 5,105
工事負担金等圧縮額	※4 54,253	※4 18,346
減損損失	※9 12,738	※9 12,297
耐震補強重点対策関連費用	8,906	10,288
災害損失引当金繰入額	1,306	25,085
その他	30,128	8,537
特別損失合計	113,379	80,763
税金等調整前当期純利益	315,300	384,860
法人税，住民税及び事業税	107,540	128,972
法人税等調整額	26,202	9,326
法人税等合計	133,742	138,298
当期純利益	181,558	246,561
非支配株主に帰属する当期純利益	1,160	1,251
親会社株主に帰属する当期純利益	180,397	245,309

　主要な経営指標等の推移で記載されていた**経常利益**の算出する上で必要な営業外収益などについて，詳細に記載されているので，一度目を通しておこう。
　いよいよ次ページからは実際の有報が記載されている。ここで得た情報をもとに有報を確実に読み解き，就職活動を有利に進めよう。

企業の概況

1　主要な経営指標等の推移

（1）　当連結会計年度の前4連結会計年度及び当連結会計年度に係る次に掲げる主要な経営指標等の推移 ·············

		2018年度	2019年度	2020年度	2021年度	2022年度
		自　2018年 4月 1日 至　2019年 3月31日	自　2019年 4月 1日 至　2020年 3月31日	自　2020年 4月 1日 至　2021年 3月31日	自　2021年 4月 1日 至　2022年 3月31日	自　2022年 4月 1日 至　2023年 3月31日
連結経常収益	百万円	4,863,987	5,338,180	4,120,160	4,050,858	6,629,819
連結経常利益	百万円	851,241	711,942	430,887	824,838	286,969
親会社株主に帰属する 当期純利益	百万円	612,437	97,921	307,761	503,001	602,034
連結包括利益	百万円	487,183	△29,768	727,726	45,564	372,520
連結純資産額	百万円	12,869,567	12,285,505	12,571,975	12,242,901	12,258,588
連結総資産額	百万円	253,312,157	270,418,512	290,269,735	299,610,983	313,849,208
1株当たり純資産額	円	987.52	960.19	984.24	954.38	951.87
1株当たり当期純利益	円	49.58	7.92	24.91	40.72	48.74
潜在株式調整後 1株当たり当期純利益	円	49.58	7.92	24.91	40.72	48.74
自己資本比率	％	4.81	4.38	4.18	3.93	3.74
連結自己資本利益率	％	5.08	0.81	2.56	4.20	5.11
営業活動による キャッシュ・フロー	百万円	10,615,956	6,490,423	33,234,771	2,115,348	12,616,846
投資活動による キャッシュ・フロー	百万円	△7,878,185	△4,115,796	△9,680,070	△533,106	△12,252,351
財務活動による キャッシュ・フロー	百万円	△65,856	739,323	△126,285	△178,550	1,524,960
現金及び現金同等物 の期末残高	百万円	60,389,520	63,234,971	86,975,271	89,394,022	92,016,699
従業員数 [外，平均臨時従業員数]	人	87,876 [21,800]	106,995 [25,300]	106,023 [22,300]	102,767 [19,200]	94,631 [18,900]

（注）1　当行及び国内連結子会社の消費税及び地方消費税の会計処理は，税抜方式によっております。

　　　2　自己資本比率は，（期末純資産の部合計－期末非支配株主持分）を期末資産の部の合計で除して算出しております。

　　　3　連結株価収益率につきましては，株式が非上場であるため，記載しておりません。4平均臨時従業

（point） **主要な経営指標等の推移**

　　数年分の経営指標の推移がコンパクトにまとめられている。見るべき箇所は連結の売上，利益，株主資本比率の3つ。売上と利益は順調に右肩上がりに伸びているか，逆に利益で赤字が続いていたりしないかをチェックする。株主資本比率が高いとリーマンショックなど景気が悪化したときなどでも経営が傾かないという安心感がある。

員数は，派遣社員を含め，百人未満を四捨五入して記載しております。平均臨時従業員数に含まれる派遣社員は，2018年度は4,800人，2019年度は4,500人，2020年度は4,100人，2021年度は2,900人，2022年度は3,000人であります。

(2) 当行の当事業年度の前4事業年度及び当事業年度に係る主要な経営指標等の推移 ･･･

回次		第14期	第15期	第16期	第17期	第18期
決算年月		2019年3月	2020年3月	2021年3月	2022年3月	2023年3月
経常収益	百万円	3,568,249	3,661,200	2,635,402	2,557,193	4,799,567
経常利益	百万円	624,464	459,184	202,247	407,057	903,744
当期純利益 （△は当期純損失）	百万円	663,215	△653,072	144,479	188,344	1,015,454
資本金	百万円	1,711,958	1,711,958	1,711,958	1,711,958	1,711,958
発行済株式総数	千株	普通株式 12,350,038 第一回第二種 優先株式 100,000 第一回第四種 優先株式 79,700 第一回第六種 優先株式 1,000 第一回第七種 優先株式 177,000	普通株式 12,350,038 第一回第二種 優先株式 100,000 第一回第四種 優先株式 79,700 第一回第六種 優先株式 1,000 第一回第七種 優先株式 177,000	普通株式 12,350,038 第一回第二種 優先株式 100,000 第一回第四種 優先株式 79,700 第一回第六種 優先株式 1,000 第一回第七種 優先株式 177,000	普通株式 12,350,038 第一回第二種 優先株式 100,000 第一回第四種 優先株式 79,700 第一回第六種 優先株式 1,000 第一回第七種 優先株式 177,000	普通株式 12,350,038 第一回第二種 優先株式 100,000 第一回第四種 優先株式 79,700 第一回第六種 優先株式 1,000 第一回第七種 優先株式 177,000
純資産額	百万円	10,913,954	9,801,968	9,897,602	8,890,653	8,798,272
総資産額	百万円	225,596,992	239,788,548	259,975,251	267,638,266	293,904,485
預金残高	百万円	152,870,674	158,248,564	182,239,930	183,356,877	192,272,289
貸出金残高	百万円	87,877,986	88,258,295	88,447,036	90,421,234	97,127,749
有価証券残高	百万円	48,739,675	50,781,265	61,787,561	61,212,185	72,253,876
1株当たり純資産額	円	883.71	793.67	801.42	719.88	712.40
1株当たり配当額 （内1株当たり中間配当額）	円 （円）	普通株式 8.51 （－）	普通株式 26.16 （11.45）	普通株式 18.44 （11.27）	普通株式 35.06 （12.18）	普通株式 20.21 （－）
1株当たり当期純利益 （△は1株当たり当期純損失）	円	53.70	△52.88	11.69	15.25	82.22
潜在株式調整後 1株当たり当期純利益	円	－	－	－	－	－
自己資本比率	％	4.83	4.08	3.80	3.32	2.99
自己資本利益率	％	6.21	△6.30	1.46	2.00	11.48
配当性向	％	15.84	－	157.62	229.89	24.57
従業員数 [外、平均臨時従業員数]	人	33,524 [11,742]	32,186 [10,783]	30,554 [9,973]	28,843 [9,280]	32,786 [8,561]

（注）1　消費税及び地方消費税の会計処理は，税抜方式によっております。

2　潜在株式調整後1株当たり当期純利益金額は，潜在株式が存在しないため，記載しておりません。

3　1株当たり配当額のうち特別配当を第14期に4.28円，第15期に3.40円，第17期に10.21円，第18期に14.57円含めております。

4　第14期に現物配当を実施しておりますが，1株当たり配当額及び配当性向に含めておりません。

5　自己資本比率は，期末純資産の部合計を期末資産の部の合計で除して算出しております。

6　株価収益率につきましては，株式が非上場であるため，記載しておりません。

7　配当性向は，当期普通株式配当金総額を，当期純利益から当期優先株式配当金総額を控除した金額で除して算出しております。

8　従業員数は，当行から他社への出向者を除き，他社から当行への出向者及び海外の現地採用者を含んでおります。

9　平均臨時従業員数は，派遣社員を含めて記載しております。平均臨時従業員数に含まれる派遣社員は，第14期は2,263人，第15期は2,178人，第16期は1,941人，第17期は1,778人，第18期は1,712人であります。

10　株主総利回りの推移につきましては，株式が非上場であるため，記載しておりません。

11　事業年度別最高・最低株価につきましては，株式が非上場であるため，記載しておりません。

2　沿革

1919年8月	・株式会社三菱銀行設立（資本金5,000万円（うち払込3,000万円），三菱合資会社銀行部の業務を継承し同年10月1日営業開始）
1929年5月	・株式会社三菱銀行，株式会社森村銀行を買収
1933年12月	・株式会社三和銀行設立（資本金10,720万円（うち払込7,220万円），株式会社三十四銀行，株式会社山口銀行及び株式会社鴻池銀行の3行合併による）
1940年10月	・株式会社三菱銀行，株式会社金原銀行を買収
1941年6月	・株式会社東海銀行設立（資本金3,760万円（うち払込2,725万円），株式会社愛知銀行，株式会社名古屋銀行及び株式会社伊藤銀行の3行合併による）
1942年4月	・株式会社三菱銀行，株式会社東京中野銀行を買収
1943年4月	・株式会社三菱銀行，株式会社第百銀行を合併
1945年5月	・株式会社三和銀行，三和信託株式会社及び株式会社大同銀行を合併
1945年9月	・株式会社東海銀行，株式会社岡崎銀行，株式会社稲沢銀行及び株式会社大野銀行の3行を合併
1945年10月	・株式会社三和銀行，株式会社大和田銀行を合併
1946年12月	・株式会社東京銀行設立（資本金5,000万円（全額払込），横浜正金銀行から営業譲渡を受け翌年1月4日営業開始）
1948年10月	・株式会社三菱銀行，商号を株式会社千代田銀行に変更
1953年7月	・株式会社千代田銀行，株式会社三菱銀行の旧商号に復帰

1954年8月	・株式会社東京銀行，外国為替銀行法に基づく外国為替専門銀行として発足
1960年4月	・株式会社三和銀行，信託業務を東洋信託銀行株式会社（現三菱UFJ信託銀行株式会社）に譲渡
1991年10月	・株式会社東海銀行，三和信用金庫を合併
1992年10月	・株式会社三和銀行，東洋信用金庫を合併
1993年4月	・株式会社三菱銀行，霞ヶ関信用組合を合併
1996年4月	・株式会社三菱銀行と株式会社東京銀行が合併し，株式会社東京三菱銀行となる The Bank of California, N.A. と Union Bank が統合し，Union Bank of California, N.A.（現 MUFG Union Bank, N.A.）及びその持株会社 UnionBanCal Corporation（現 MUFG Americas Holdings Corporation）として発足
2001年4月	・株式会社東京三菱銀行及び日本信託銀行株式会社が，三菱信託銀行株式会社と共同して，株式移転により完全親会社である株式会社三菱東京フィナンシャル・グループを設立 ・株式会社三和銀行，株式会社東海銀行及び東洋信託銀行株式会社の3行が共同して，株式移転により完全親会社である株式会社UFJホールディングスを設立
2002年1月	・株式会社三和銀行と株式会社東海銀行が合併し，株式会社UFJ銀行となる
2005年7月	・三菱証券株式会社，株式会社三菱東京フィナンシャル・グループの直接子会社となる
2005年10月	・株式会社三菱東京フィナンシャル・グループと株式会社UFJホールディングスが合併し，株式会社三菱UFJフィナンシャル・グループとなる日本信販株式会社と株式会社UFJカードが合併し，UFJニコス株式会社となる
2006年1月	・株式会社東京三菱銀行と株式会社UFJ銀行が合併し，株式会社三菱東京UFJ銀行となる
2007年4月	・UFJニコス株式会社と株式会社ディーシーカードが合併し，三菱UFJニコス株式会社となる
2008年8月	・三菱UFJニコス株式会社，株式会社三菱UFJフィナンシャル・グループの完全子会社となる
2008年11月	・UnionBanCal Corporation，当行の完全子会社となる
2013年12月	・Bank of Ayudhya Public Company Limited，当行の子会社となる
2016年6月	・監査役会設置会社から監査等委員会設置会社へ移行
2018年4月	・株式会社三菱東京UFJ銀行，商号を株式会社三菱UFJ銀行に変更
2019年4月	・PT Bank Danamon Indonesia, Tbk，当行の子会社となる
2022年12月	・MUFG Union Bank, N. A. を売却

point 沿革

どのように創業したかという経緯から現在までの会社の歴史を年表で知ることができる。過去に行った重要なM＆Aなどがいつ行われたのか，ブランド名はいつから使われているのか，いつ頃から海外進出を始めたのか，など確認することができて便利だ。

3 事業の内容

当行グループは，親会社である株式会社三菱UFJフィナンシャル・グループの下，当行，連結子会社108社及び持分法適用関連会社42社で構成され，銀行業務，その他（リース業務等）の金融サービスに係る事業を行っております。

当行グループの，各報告セグメント（「第5経理の状況1連結財務諸表等（1）連結財務諸表注記事項（セグメント情報等）セグメント情報」に掲げるセグメントの区分と同一）における主要な関係会社の位置づけ等は以下のとおりであります。

（2023年3月31日現在）

○：連結子会社　◇：持分法適用関連会社

株式会社三菱UFJフィナンシャル・グループ（親会社）	株式会社三菱UFJ銀行	デジタルサービス	法人・リテール	コーポレートバンキング	グローバルコマーシャルバンキング	グローバルCIB	市場	その他
	◇ 株式会社ジャックス	◎						
	◇ auじぶん銀行株式会社	◎						
	◇ 株式会社カンム	◎						
	◇ 東銀リース株式会社		◎					
	○ MUFG Americas Holdings Corporation			◎	◎	◎	◎	◎
	○ MUFG Bank Mexico, S.A.			◎		◎	◎	◎
	○ Banco MUFG Brasil S.A.			◎		◎	◎	◎
	○ AO MUFG Bank (Eurasia)			◎		◎	◎	◎
	○ MUFG Bank (Europe) N.V.			◎		◎	◎	◎
	○ MUFG Bank Turkey Anonim Sirketi			◎		◎	◎	◎
	○ Bank of Ayudhya Public Company Limited				◎	◎		
	○ MUFG Bank (China), Ltd.			◎		◎	◎	
	○ PT Bank Danamon Indonesia, Tbk.				◎			
	◇ Vietnam Joint Stock Commercial Bank for Industry and Trade				◎			
	◇ Security Bank Corporation				◎			

報告セグメント（＊1）

- 三菱UFJ信託銀行株式会社（＊2）
- 三菱UFJ証券ホールディングス株式会社（＊2）
- 三菱UFJニコス株式会社（＊2）
- 三菱HCキャピタル株式会社（＊2）

＊1　各社の該当する主な報告セグメントに◎を記載

＊2　三菱UFJ信託銀行株式会社，三菱UFJ証券ホールディングス株式会社，三菱UFJニコス株式会社，三菱HCキャピタル株式会社は，MUFGグループの主な関係会社です。

4 関係会社の状況

名称	住所	資本金又は出資金（百万円）	主要な事業の内容	議決権の所有（又は被所有）割合（％）	当行との関係内容				
					役員の兼任等（人）	資金援助	営業上の取引	設備の賃貸借	業務提携
（親会社） 株式会社三菱ＵＦＪフィナンシャル・グループ	東京都千代田区	2,141,513	銀行持株会社	100.00	16 (16)	―	経営管理 預金取引関係 金銭貸借関係	当行より建物の一部を賃借	―
（連結子会社） 株式会社東京クレジットサービス	東京都千代田区	500	クレジットカード業 外貨両替業	49.50 (23.50)	―	―	預金取引関係 金銭貸借関係 保証取引関係 業務委託関係	当行より建物の一部を賃借	―
三菱ＵＦＪファクター株式会社	東京都千代田区	2,080	ファクタリング業	100.00	1	―	預金取引関係 金銭貸借関係 事務委託関係	当行より建物の一部を賃借	保証業務 顧客媒介 収納代行サービス媒介 顧客媒介
三菱ＵＦＪリサーチ＆コンサルティング株式会社	東京都港区	2,060	調査研究受託業 コンサルティング業	47.04 (10.09)	4	―	預金取引関係 保証取引関係 業務委託関係	―	相談業務 顧客紹介
エム・ユー・フロンティア債権回収株式会社	東京都中野区	1,500	債権管理回収業	96.47	1	―	預金取引関係 債権管理回収 業務委託関係	―	―
三菱ＵＦＪ個人財務アドバイザーズ株式会社	東京都千代田区	600	個人財産形成相談業	47.33	1	―	預金取引関係 業務委託関係	当行より建物の一部を賃借	―
株式会社BusinessTech	東京都千代田区	294	プラットフォーム企画・運営・販売業	50.99	1	―	預金取引関係 システム利用関係	当行より建物の一部を賃借	業務受託
三菱ＵＦＪフィナンシャルパートナーズ株式会社	東京都港区	20	銀行代理業	100.00	2	―	預金取引関係 業務委託関係	当行より建物の一部を賃借	銀行代理業務提携
ＭＵＦＧトレーディング株式会社	東京都千代田区	500	トレードファイナンス業	100.00	4	―	預金取引関係 業務委託関係	―	業務委託
MUFG Americas Holdings Corporation	アメリカ合衆国ニューヨーク州ニューヨーク市	11,772 千USD [88,162]	銀行持株会社	95.33	4 (2)	―	金銭貸借関係 社債取引 預金取引	当行より建物の一部を賃借	―
MUFG Bank Mexico, S.A.	メキシコ合衆国メキシコ市	25,342 千MXN [3,434,000]	銀行業	100.00 (0.10)	4	―	預金取引関係 金銭貸借関係 コルレス関係	―	―
Banco MUFG Brasil S.A.	ブラジル連邦共和国サンパウロ州サンパウロ市	22,358 千BRL [853,071]	銀行業	99.77	1	―	預金取引関係 金銭貸借関係 コルレス関係	―	―

(point) **事業の内容**

　会社の事業がどのようにセグメント分けされているか，そして各セグメントではどのようなビジネスを行っているかなどの説明がある。また最後に事業の系統図が載せてあり，本社，取引先，国内外子会社の製品・サービスや部品の流れが分かる。ただセグメントが多いコングロマリットをすぐに理解するのは簡単ではない。

名称	住所	資本金又は出資金 （百万円）	主要な 事業の内容	議決権の 所有（又は 被所有） 割合 （%）	当行との関係内容				
					役員の 兼任等 （人）	資金 援助	営業上 の取引	設備の 賃貸借	業務 提携
AO MUFG Bank (Eurasia)	ロシア連邦 モスクワ市	18,887 [千 RUB 10,917,913]	銀行業	100.00	3	—	預金取引関係 コルレス関係 保証取引関係 業務委託関係	—	—
MUFG Bank (Europe)N.V.	オランダ王国 アムステルダム市	14,572 [千 EUR 100,002]	銀行業	100.00	3	—	預金取引関係 金銭貸借関係 コルレス関係 保証取引関係	—	—
MUFG Bank Turkey Anonim Sirketi	トルコ共和国 イスタンブール市	3,678 [千 TRY 527,700]	銀行業	99.99	4	—	預金取引関係 金銭貸借関係 コルレス関係 保証取引関係 業務委託関係	—	—
Bank of Ayudhya Public Company Limited	タイ王国 バンコク都	287,610 [千 THB 73,557,617]	銀行業	76.88	1	—	預金取引関係 金銭貸借関係 コルレス関係 保証取引関係 業務委託関係	—	—
MUFG Bank (China), Ltd.	中華人民共和国 上海市	194,200 [千 人民元 10,000,000]	銀行業	100.00	5 (1)	—	預金取引関係 金銭貸借関係 コルレス関係 保証取引関係 業務委託関係	—	—
PT Bank Danamon Indonesia, Tbk.	インドネシア共和 国 ジャカルタ特別市	53,361 [百万 IDR 5,995,576]	銀行業	92.47 (1.00)	4 (2)	—	預金取引関係 金銭貸借関係 コルレス関係	—	—
MUFG Bank (Malaysia)Berhad	マレーシア クアラルンプール 市	6,048 [千 MYR 200,000]	銀行業	100.00	1	—	預金取引関係 金銭貸借関係 コルレス関係 保証取引関係 業務委託関係	当行へ建 物の一部 を賃貸	—
MUFG Participation (Thailand)Co., Ltd.	タイ王国 バンコク都	234 [千 THB 60,000]	投資業	12.29 (2.29) [51.98]	—	—	—	—	—
その他89社									

名称	住所	資本金又は出資金（百万円）	主要な事業の内容	議決権の所有(又は被所有)割合(%)	当行との関係内容				
					役員の兼任等(人)	資金援助	営業上の取引	設備の賃貸借	業務提携
(持分法適用関連会社) 株式会社ジャックス	北海道函館市	16,138	信用購入あっせん業	20.35	―	―	預金取引関係 金銭貸借取引関係 保証取引関係	―	保証業務提携
ａｕじぶん銀行株式会社	東京都中央区	83,500	銀行業	25.16	1	―	預金取引関係 金銭貸借関係 業務委託関係 ローン債権譲渡取引関係	―	ATM利用提携 銀行代理業務提携
株式会社Biz Forward	東京都港区	100	中小企業向けオンラインファクタリング事業及び請求代行事業	49.00 (10.00)	3 (1)	―	預金取引関係	―	顧客紹介
株式会社リクルートＭＵＦＧビジネス	東京都千代田区	100	資金移動業	49.00	1	―	預金取引関係 保証取引関係	―	資金移動業務提携
株式会社カンム	東京都渋谷区	99	プリペイドカード業	39.02	1	―	経営管理 預金取引関係	―	―
三菱ＵＦＪキャピタル株式会社	東京都中央区	2,950	ベンチャー投資業	27.89 (5.29)	2	―	預金取引関係 金銭貸借関係	当行より建物の一部を賃借	―
株式会社ことら	東京都中央区	1,700	資金決済関連サービス提供	25.00	1	―	決済インフラの提供	―	―
三菱アセット・ブレインズ株式会社	東京都港区	480	投信評価業 投信委託業	25.00	―	―	預金取引関係 業務委託関係	―	―
株式会社ジャルカード	東京都品川区	360	クレジットカード業	0.01 [49.36]	1	―	預金取引関係	―	クレジットカード業務提携
東銀リース株式会社	東京都中央区	20,049	リース業	37.32 (3.83)	1	―	預金取引関係 金銭貸借関係 リース取引関係 業務委託関係 第三者割当増資	当行より建物の一部を賃借	金融サービスに関わる業務提携
日本住宅無尽株式会社	東京都台東区	94	無尽業	4.96 [43.85]	1	―	預金取引関係 金銭貸借関係	―	―
Vietnam Joint Stock Commercial Bank for Industry and Trade	ベトナム社会主義共和国ハノイ市	273,927 百万 VND [48,057,506]	銀行業	19.72	1	―	預金取引関係 金銭貸借関係 コルレス関係 保証取引関係	―	金融サービスに関わる業務提携
Security Bank Corporation	フィリピン共和国マカティ市	18,859 千 PHP [7,635,389]	銀行業	20.00	2 (1)	―	預金取引関係 金銭貸借関係 コルレス関係 保証取引関係	―	金融サービスに関わる業務提携

(point) **関係会社の状況**

主に子会社のリストであり，事業内容や親会社との関係についての説明がされている。特に製造業の場合などは子会社の数が多く，すべてを把握することは難しいが，重要な役割を担っている子会社も多くある。有報の他の項目では一度も触れられていない場合が多いので，気になる会社については個別に調べておくことが望ましい。

名称	住所	資本金又は出資金（百万円）	主要な事業の内容	議決権の所有(又は被所有)割合(%)	役員の兼任等(人)	資金援助	営業上の取引	設備の賃貸借	業務提携
					当行との関係内容				
Bangkok MUFG Limited	タイ王国 バンコク都	782 千THB [200,000]	投資業	20.00 (10.00) [25.00]	2	—	—	—	—
Mars Growth Capital Pte. Ltd.	シンガポール共和国 シンガポール	419 千USD [3,140]	ベンチャー企業向け資金貸付業務	50.00	1 (1)		預金取引関係	—	—
Mars Equity M.C. Pte. Ltd.	シンガポール共和国 シンガポール	100 千USD [750]	ベンチャー企業向け出資業務	33.33	1 (1)		預金取引関係	—	—
MUFG Holding (Thailand) Co., Ltd.	タイ王国 バンコク都	19 千THB [5,000]	投資業	20.00 (10.00)	—	—	—	—	—
その他25社									

(注) 1 上記関係会社のうち，特定子会社に該当するのは，Bank of Ayudhya Public Company Limited及びMUFG Bank（China），Ltd.であります。

2 上記関係会社のうち，有価証券報告書又は有価証券届出書を提出している会社は，株式会社三菱UFJフィナンシャル・グループ，株式会社ジャックスであります。

3 上記関係会社のうち，MUFG Americas Holdings Corporation（以下，MUAH）の経常収益（連結会社相互間の内部取引を除く）は，連結財務諸表の経常収益の100分の10を超えております。MUAHの経常収益は802,792百万円，経常損失は912,384百万円，当期純損失は177,507百万円，純資産額は2,571,117百万円，総資産額は6,372,503百万円であります。 なお，主要な損益情報等は，単体の計数に代えて，同社の子会社を含めた連結計数を記載しております。

4 「議決権の所有（又は被所有）割合」欄の（ ）内は子会社による間接所有の割合（内書き），[ ]内は，「自己と出資，人事，資金，技術，取引等において緊密な関係があることにより自己の意思と同一の内容の議決権を行使すると認められる者」又は「自己の意思と同一の内容の議決権を行使することに同意している者」による所有割合（外書き）であります。

5 「当行との関係内容」の「役員の兼任等」欄の（ ）内は，当行の役員（内書き）であります。

6 三菱UFJ個人財務アドバイザーズ株式会社は，2023年4月3日付で三菱UFJウェルスアドバイザーズ株式会社に商号変更しております。

5 従業員の状況

（1） 連結会社における従業員数 ··

2023年3月31日現在

	デジタルサービス部門	法人・リテール部門	コーポレートバンキング部門	グローバルコマーシャルバンキング部門	グローバルCIB部門	市場部門	その他部門	合計
従業員数（人）	2,589 [1,200]	16,351 [6,700]	4,187 [500]	48,662 [5,000]	2,456 [100]	1,122 [0]	19,264 [5,300]	94,631 [18,900]

（注）1　従業員数は、海外の現地採用者を含み、嘱託3,167人、臨時従業員18,500人を含んでおりません。
　　　2　[　]内に当連結会計年度における臨時従業員の平均人数を外書きで記載しております。
　　　3　臨時従業員数は、派遣社員を含み、百人未満を四捨五入して記載しております。
　　　4　臨時従業員数に含まれる派遣社員は、期末人数3,000人、平均人数3,000人であります。（百人未満を四捨五入して記載しております。）

（2） 当行の従業員数 ··

2023年3月31日現在

従業員数（人）	平均年齢（歳）	平均勤続年数（年）	平均年間給与（千円）
32,786 [8,561]	39.4	15.4	7,846

	デジタルサービス部門	法人・リテール部門	コーポレートバンキング部門	グローバルコマーシャルバンキング部門	グローバルCIB部門	市場部門	その他部門	合計
従業員数（人）	2,092 [1,019]	14,027 [6,191]	3,420 [455]	4 [1]	2,226 [75]	1,122 [18]	9,895 [802]	32,786 [8,561]

（注）1　従業員数は、当行から他社への出向者を除き、他社から当行への出向者を含んでおります。
　　　　　また、海外の現地採用者を含み、嘱託1,336人、臨時従業員8,161人を含んでおりません。
　　　2　従業員数には、執行役員102人（うち、取締役兼務の執行役員18人）を含んでおりません。
　　　3　[　]内に当事業年度における臨時従業員の平均人数を外書きで記載しております。
　　　4　臨時従業員数は、派遣社員を含んでおります。派遣社員は、期末人数1,759人、平均人数1,712人であります。
　　　5　平均年齢、平均勤続年数、平均年間給与は、海外の現地採用者、他社から当行への出向者を含んでおりません。
　　　6　平均年間給与は、賞与及び基準外賃金を含んでおります。
　　　7　当行の従業員組合は、三菱UFJ銀行従業員組合と称し、組合員数は25,758人であります。労使間においては特記すべき事項はありません。
　　　8　従業員数が前事業年度末比3,943名増加しましたが、主として2022年12月のMUFG Union Bank, N.A.売却に伴い、一部のMUB従業員が当行に移籍したことによるものです。

事業の状況

1 経営方針, 経営環境及び対処すべき課題等

文中の将来に関する事項は, 当連結会計年度末現在において, 当行が判断したものであります。

(1) 経営方針 ……………………………………………………………………

わが国は少子高齢化や人口減少等の課題を抱え, 世界的にも低成長が常態化しつつあります。また, 環境・社会課題への意識の高まりや, デジタル技術進展に伴う異業種の金融事業への新規参入の継続, 足元ではインフレ率の高止まりや再加速の懸念, 地政学リスクの高まり, 欧州や米国を中心とした金融市場・金融システムの不安定化等, 当行を取り巻く経営環境は大きく変化しています。

当行では, こうした変化を正しく読み解いたうえでそれを飛躍のチャンスに変え, 新しい時代において社会をリードする存在でありたいと考えています。2021年4月に「世界が進むチカラになる。」をMUFGの存在意義 (パーパス) として設定し, 2021年度からの3年間を対象とした中期経営計画では「企業変革」,「成長戦略」,「構造改革」を主要戦略の3本柱として掲げ, 2021年度に引続き, 2022年度もこれら戦略をMUFGグループ一丸で推進し, 成果を挙げることができました。

2023年も, 環境変化に応じたビジネスモデルを作り上げ, また, その結果として収益力向上及びROEの改善を実現することを通じて, お客さま・行員をはじめとする全てのステークホルダーの期待に応えてまいります。

中期経営計画では, めざす姿として「金融とデジタルの力で未来を切り拓くNo.1ビジネスパートナー」を掲げています。そこには変化の激しい時代において,「全てのステークホルダーが次へ, 前へ進むためのチカラになりたい」という思いを込めております。「デジタル」,「サステナビリティ経営」,「挑戦・スピード」をテーマに変革を進め, お客さまと社会の課題に徹底的に向き合い, 課題解決に努めてまいります。

また, 持続的成長・企業価値向上の為には, MUFGの事業ポートフォリオを収益性がさらに高く安定的なものにすることが重要であり, その実現に向けては,

成長領域に対する戦略出資が重要な手段だと考えています。加えて，行員が活き活きと働ける会社を目指し，新たな価値を生み出す成功体験，また挑戦している行員の可視化を通じ，パーパス起点での挑戦が広がる好循環の構築を目指します。

これらの取組みを通じた経営方針のキーワードは三つ，「デジタルトランスフォーメーション」，「強靭性」，「エンゲージメント」です。

一つ目は，「会社のあり方をデジタル化する」。実際にはリアルとのバランスではありますが，社会のデジタルシフトに対応するために，第一に掲げました。

二つ目は，「事業としての強靭性の重視」です。今回の危機で，MUFGはどんな環境においても信頼され続ける存在でなければならないと，改めて考えさせられました。金融機関としての健全性を確保して，経営資源をMUFGグループの有する強みのある領域へと重点配置いたします。

最後が，「エンゲージメント重視の経営」です。これは，大きな変化が会社ひいては行員一人ひとりに求められるなか，変革の方向性に対する共感性を大切にし，行員間や組織間，お客さまとの間，また社会とも共感できる，皆が参画意識を感じられる，魅力的な会社にしていきたいと考えるものです。

(2) 経営環境

当年度の金融経済環境でありますが，世界経済は，コロナ禍に起因する各種の供給制約やウクライナ紛争によるエネルギー価格高騰が招いた世界的なインフレの高進，それを受けた各国での大幅な金融引き締めが景気を下押ししたものの，「ウィズコロナ」を前提に経済活動の正常化が進んだことで，全体としては緩やかながら回復を続けました。もっとも，ウクライナ紛争は長期化の様相を呈しているほか，これまでの金融引き締めの累積的な効果により世界経済への下押し圧力は一段と強まってきており，昨年末以降，景気の減速基調が明確化してきています。また，3月以降に発生した欧米の金融システム不安については，今後，実体経済への影響が顕在化してくるリスクも否定できません。わが国では，昨年3月にまん延防止等重点措置が解除されて以降，経済活動の正常化とコロナ対策の両立が着実に進展しており，景気は緩やかな回復を続けています。

金融市場に目を転じますと，株価は，ウクライナ紛争など地政学リスクを巡る

緊張が高まり，さらに各国中銀が金融引き締め姿勢を強める中で値を下げる局面もありましたが，概ね高値圏で推移しました。金利については，欧米での急速な利上げを受け，年後半にかけて市中金利は上昇基調で推移しましたが，その後は，途中上下しつつも，徐々に水準を切り下げてきています。わが国では，短期金利は低水準での推移が続きましたが，長期金利は，昨年12月の日銀によるイールドカーブ・コントロールの一部見直しによりやや上昇しました。ドル円相場は，昨年10月には32年ぶりに151円台まで円安が進行しました。その後は政府・日銀の為替介入や米国の利上げペース鈍化，日銀の政策見直しなどにより，円安進行には歯止めが掛かり，円高・ドル安方向にやや水準調整された形で推移しています。

（3） 対処すべき課題

　主たる戦略の柱として掲げている「企業変革」，「成長戦略」，「構造改革」をMUFGグループの各事業会社，事業本部，コーポレートセンターが一体で推進しています。

　「企業変革」では，会社のありようを変える，変革を進めていくという観点から，「デジタルトランスフォーメーション」，「環境・社会課題への貢献」に取り組むとともに，スピードと挑戦をキーワードに「カルチャー改革」を推進します。

　「成長戦略」では，収益力を強化すべく，「ウェルスマネジメント」，「経営課題解決型アプローチ」，「アジアビジネス」，「GCIB & Global Markets」，「グローバルAM（アセットマネジメント）／IS（インベスターサービス）」を推進します。

　「構造改革」では，強靭性の確保に向け，「経費・RWAコントロール」，「基盤・プラットフォーム改革」及び低採算事業の見直しや新規ビジネスへの挑戦といった「事業ポートフォリオ見直し」を推進します。

　MUFGグループは，お客さま，株主等，社員等，ステークホルダーの安全確保を最優先とし，社会機能の維持に不可欠な金融インフラとして，事業者の資金繰り支援等の施策を通じ，お客さま・社員・株主をはじめとする全てのステークホルダーの皆さまの期待に応えてまいります。

(point) 従業員の状況

　　主力セグメントや，これまで会社を支えてきたセグメントの人数が多い傾向があるのは当然のことだろう。上場している大企業であれば平均年齢は40歳前後だ。また労働組合の状況にページが割かれている場合がある。その情報を載せている背景として，労働組合の力が強く，人数を削減しにくい企業体質だということを意味している。

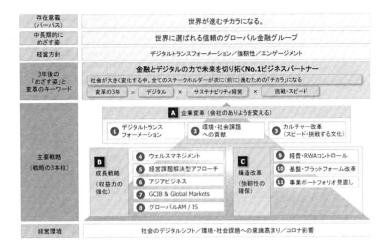

存在意義 (パーパス)	世界が進むチカラになる。
中長期的に めざす姿	世界に選ばれる信頼のグローバル金融グループ
経営方針	デジタルトランスフォーメーション／強靭性／エンゲージメント

3年後の「めざす姿」と変革のキーワード

金融とデジタルの力で未来を切り拓くNo.1ビジネスパートナー

社会が大きく変化する中、全てのステークホルダーが次に(前に)進むための「チカラ」になる

変革の3年 ＝ デジタル × サステナビリティ経営 × 挑戦・スピード

A 企業変革（会社のありようを変える）

❶ デジタルトランス　フォーメーション　❷ 環境・社会課題　への貢献　❸ カルチャー改革　(スピード・挑戦する文化)

B 成長戦略（収益力の強化）

❹ ウェルスマネジメント
❺ 経営課題解決型アプローチ
❻ アジアビジネス
❼ GCIB & Global Markets
❽ グローバルAM / IS

C 構造改革（強靭性の確保）

❾ 経費・RWAコントロール
❿ 基盤・プラットフォーム改革
⓫ 事業ポートフォリオ見直し

主要戦略（戦略の3本柱）

| 経営環境 | 社会のデジタルシフト／環境・社会課題への意識高まり／コロナ影響 |

(A) 企業変革 ··

① デジタルトランスフォーメーション(DX)

あらゆるお客さまに対するデジタルサービス接点の強化，商品・サービスのデジタル化を推進します。デジタルを活用した業務量削減に取り組んでまいります。

② 環境・社会課題への貢献

環境・社会課題解決と経営戦略の一本化をより一層強化するため，優先10課題を起点にした事業戦略，リスク管理，社会貢献施策を展開します。

③ カルチャー改革(スピード・挑戦する文化)

存在意義（パーパス）起点での行動を促し，自由闊達な企業風土を醸成し，戦略のスピードアップや社員の自律的な挑戦を促進します。

(B) 成長戦略 ··

④ ウェルスマネジメント

総合的な資産運用を支援するためのインフラ整備や人材投入，法人オーナーへのソリューション提供を通じてビジネスを強化してまいります。

⑤ 経営課題解決型アプローチ

---

point 業績等の概要

この項目では今期の売上や営業利益などの業績がどうだったのか，収益が伸びたあるいは減少した理由は何か，そして伸ばすためにどんなことを行ったかということがセグメントごとに分かる。現在，会社がどのようなビジネスを行っているのか最も分かりやすい箇所だと言える。

日系大企業のお客さまの経営課題に向き合い，リスクテイク力を強化し，グループ一体で課題解決に取り組んでまいります。

⑥　アジアビジネス

連結子会社のBank of Ayudhya Public Company Limited（タイ），PT Bank Danamon Indonesia, Tbk.（インドネシア）を中心に，アジアを面で捉え成長を取込みつつ，デジタル化を推進します。

⑦　GCIB & Global Markets

機関投資家へのリバランスを含むポートフォリオの最適化を推進。GCIB・市場本部の一体運営を通じ，資産回転・クロスセルを強化してまいります。

⑧　グローバルAM／IS

業界成長が望める海外資産運用・管理領域において，MUFGグループの強みを活かした受託ビジネスを推進します。

（C）　構造改革 ···

⑨　経費・RWAコントロール

成長に必要な投資は行いつつ，ベース経費の削減を徹底します。低採算案件から高採算案件へのシフトによりRWAをコントロールします。

⑩　基盤・プラットフォーム改革

デジタルシフトに必要な投資を効率的・効果的に実施します。改革に必要な手続・ルールの簡素化，意思決定プロセスの見直しに取り組んでまいります。

⑪　事業ポートフォリオ見直し

低採算事業への資源配分を見直しに取り組んでまいります。他社との連携他，新規事業への取り組みを強化します。

（4）　目標とする経営指標 ···

当行の親会社である三菱UFJフィナンシャル・グループの本中期経営計画では，中期経営計画の最終年度である2023年度の財務目標の水準を以下の通り設定しております（2021年5月公表）。

〔ROE目標・資本運営のターゲット〕

	20年度実績	23年度目標	中長期目標
ROE	5.63%	7.5%	9%-10%
普通株式等Tier1比率 （規制最終化ベース*1）	9.7%	9.5%-10.0%	

〔ROE目標達成に向けての３つのドライバー〕

利益	経費*3	リスク・アセット
営業純益：1.4兆円 親会社株主純利益*2：1兆円以上	20年度対比で削減 （業績連動経費を除く）	20年度末水準を維持 （アセットの入替による収益性の改善）

*1　バーゼルⅢ規制見直しの最終化によるリスク・アセット増加影響を反映させた試算値。その他有価証券評価差額金を除く

*2　親会社株主に帰属する当期純利益

*3　中長期の経費率目標（60％程度）は不変

　当行は，各種のリスクシナリオが顕在化した場合の影響度と蓋然性に基づき，その重要性を判定しており，今後約１年間で最も注意すべきリスク事象をトップリスクとして特定しています。2023年３月の当行リスク管理委員会において特定されたトップリスクのうち，主要なものは以下のとおりです。当行では，トップリスクを特定することで，それに対しあらかじめ必要な対策を講じて可能な範囲でリスクを制御するとともに，リスクが顕在化した場合にも機動的な対応が可能となるように管理を行っています。また，経営層を交えてトップリスクに関し議論することで，リスク認識を共有した上で実効的対策を講じるように努めています。

主要なトップリスク

リスク事象	リスクシナリオ(例)
資本余力低下／リスクアセット増加	・　グローバルな金利上昇を受けた債券評価損の拡大等による資本運営への影響。
外貨流動性リスク	・　市況悪化による外貨流動性の枯渇又はコストの大幅な増加。
与信費用増加	・　グローバルベースで実体経済が急速に失速することに伴う与信費用増加。 ・　与信集中業種等における信用悪化に伴う与信費用増加。
ＩＴリスク	・　サイバー攻撃による顧客情報の流出、サービス停止及び評判悪化等。 ・　システム障害発生による補償費用支払及び評判悪化等。
気候変動に関するリスク	・　気候変動に関するリスクへの対応や開示が不十分であると見做されることによる当行の企業価値の毀損。 ・　取引先への影響を通じた当行与信ポートフォリオ管理・運営への影響。

※リスク事象：2023年３月の当行リスク管理委員会での審議を経て，取締役会に報告されたものの一例です。一般的に起こり得る事象で，当行固有でない情報も含まれます。

　当行及び当行グループの事業その他に関するリスクについて，上記トップリスクに係る分析を踏まえ，投資者の判断に重要な影響を及ぼす可能性があると考えられる主な事項を以下に記載しております。また，必ずしもそのようなリスク要因に該当しない事項についても，投資者の投資判断上，重要であると考えられる事項は，投資者に対する積極的な情報開示の観点から以下に開示しております。なお，当行は，これらのリスク発生の可能性を認識した上で，発生の回避及び発生した場合の対応に努める所存です。

本項においては，将来に関する事項が含まれておりますが，当該事項は，別段の記載のない限り，本有価証券報告書提出日現在において判断したものです。

外部環境等に関するリスク

1. 本邦及び世界の経済の悪化のリスク ·····································

　本邦及び世界の経済は，世界的なインフレの動向，主要国における金融政策や財政政策の変更及び主要国の財政状態，為替レートの急速かつ大幅な変動，金融機関に対する不安や懸念及び金融業界の動向，米国政権の動向，米中対立の懸念，世界的な地政学リスク，国際的な商品供給や貿易活動の停滞，世界各地域における政治的混乱等の要因から先行き不透明な状況です。本邦及び世界経済が悪化した場合，当行には，保有する有価証券等の市場価格の下落による損失，取引先の業績悪化等による不良債権及び与信関係費用の増加，市場取引の相手先の信用力低下等による収益減少，外貨資金流動性の悪化，外貨資金調達コストの増加，リスクアセットの増加等が生じる可能性があります。また，各国の中央銀行の金融政策の変更によるグローバルな金利上昇を受けた外貨調達コスト増加等に伴う資金収益力の低下等により，当行の収益力が低下する可能性があります。更に，経済活動の停滞による企業の新規投資や商取引の減少，個人消費の落ち込み，先行き不透明な金融市場での投資意欲減退，お客様の預かり資産減少などが生じる可能性があります。

　また，債券・株式市場や外国為替相場の大幅な変動により金融市場の混乱・低迷，世界的な金融危機が生じた場合等には，当行が保有する金融商品の価値が下落し，適切な価格を参照できない状況が生じ，又は金融市場の機能不全が生じ，当行が保有する金融商品において減損若しくは評価損が生じる可能性があります。

　これらにより，当行の事業，財政状態及び経営成績に悪影響が及ぶ可能性があります。

2. 外的要因（紛争・テロ・自然災害等）に関するリスク ························

　紛争（深刻な政情不安を含みます。），テロ，国家間対立やこれに起因する経済

制裁，地震・風水害・感染症の流行等の自然災害等の外的要因により，社会インフラに障害が発生し，当行の店舗，ATM，システムセンターその他の施設が被災し，又は業務の遂行に必要な人的資源の損失，又はその他正常な業務遂行を困難とする状況が発生することで，当行の業務の全部又は一部が停止又は遅延するおそれ，あるいは事業戦略上の施策や市場・規制環境の変化への対応が計画どおり実施できないおそれがあります。また，これらの事象に対応するため，予防的なものも含めた追加の費用等が発生するおそれがあります。加えて，これらの事象により当行や取引先が事業を行っている市場に混乱が生じるおそれがあります。これらにより，当行の財政状態や経営成績に悪影響が生じる可能性があります。

　また，当行は，自然災害のなかでも特に地震による災害リスクにさらされており，首都圏等当行の事業基盤が集中している地域において大規模な地震が発生した場合には，当行の財政状態や経営成績に悪影響が生じる可能性があります。当行では，このような災害等のリスクに対し，各国当局の規制等を踏まえた業務継続態勢を整備し，訓練等を通じた検証を行うことにより，常にオペレーショナル・レジリエンス（紛争，テロ（含むサイバーテロ），自然災害等の事象が発生しても，重要な業務を継続できる総合的な能力）の強化を図っておりますが，必ずしもあらゆる事態に対応できるとは限りません。

3．LIBOR等の金利指標の改革に係るリスク

　当行では，デリバティブ，貸出，債券，証券化商品等，引き続き多数の取引においてロンドン銀行間取引金利（LIBOR）等の金利指標を参照しております。LIBOR運営機関であるICE Benchmark Administrationは，パネル行の呈示レートに基づき算出するLIBORについて，2021年12月末に日本円・英ポンド・ユーロ・スイスフランの全テナー並びに米ドル1週間物及び2ヶ月物の公表を停止しました。また，同運営機関は，2023年6月末に米ドルの残り全てのテナーの公表を停止予定です。

　当行では，これまでLIBOR公表停止に備え，LIBOR等の金利指標の改革や代替金利指標への移行対応を進めてきており，2021年末に公表停止となったLIBORの各テナーを参照する取引の対応には目途がつきました。2023年6月末

に公表停止予定の米ドルLIBORの各テナーを参照する取引については，移行が困難な契約を救済するための立法措置の整備が進められていますが，引き続き2023年6月末の米ドルLIBORの各テナーの公表停止を踏まえた代替金利指標への移行対応は必要です。LIBOR等からの代替金利指標への移行は，これらの代替金利指標に係る経済的な特性・成果，市場動向，また会計・規制上の取扱いを含め，複雑かつ不確実な要素があり，これによって，以下の事由を含め，当行の事業，財務状況及び経営成績に悪影響を及ぼす可能性があります。

- 当行の金融資産及び負債に含まれるLIBOR等を参照するローンやデリバティブを含む幅広い金融商品の価格，流動性，収益性及び取引可能性に悪影響を及ぼす可能性
- 既存のLIBOR等を参照する契約の参照金利をLIBOR等から代替金利指標に変更するための契約修正等がLIBOR等の公表停止時期までに完了しない可能性
- 顧客，取引相手方等との間で，金利指標の改革や代替金利指標への移行に伴う，契約の解釈，代替金利指標との価値調整等に係る紛争が生じる，あるいは顧客との取引における不適切な取引慣行及び優越的地位の濫用等に関する紛争に繋がる可能性
- LIBOR等の改革や代替金利指標への移行に関する規制当局への対応が必要となる可能性
- LIBOR等の改革や代替金利指標への移行に対応するための事務やリスク管理に係るシステムが十分に機能しない可能性

4．気候変動に関するリスク

　気候変動に伴う自然災害や異常気象の増加等によってもたらされる物理的な被害，並びに気候関連の規制強化及び政策の多様化，脱炭素技術への対応といった脱炭素社会への移行により，当行の事業活動が直接的に影響を受け，又は，当行の取引先の事業や財務状況に影響を及ぼし，取引先への影響を通じて当行の与信ポートフォリオ管理・運営に影響を与える等により，当行の経営成績や財政状態に悪影響を与える可能性があります。

当行は，TCFDが策定した気候変動関連財務情報開示に関する提言を支持するとともに，TCFDに沿ったリスクの把握・評価や情報開示の拡充に取り組んでおり，また，気候変動対策や脱炭素社会への移行をサポートする取り組みも進めておりますが，気候変動に関するリスクへの取り組みや情報開示が不十分であった場合，気候変動対策や脱炭素社会への移行をサポートするための当行の戦略が想定通り進捗しない場合，気候変動に関するリスク管理が想定通り機能しない場合，若しくは気候関連の規制強化や政策の多様化に十分に対応できない場合，又はそのように見做され，社会に対する責任を十分に果たしていないと見做された場合などには，当行の企業価値の毀損に繋がるおそれがあり，当行の事業，財政状態及び経営成績に悪影響を及ぼす可能性があります。

戦略及び出資先に関するリスク

5．競争，ビジネス戦略等に関するリスク ·······································

　金融業界では，新たな技術の進展や規制緩和等に伴い，電子決済領域など，他業種から金融業界への参入が加速しており，今後も競争環境は益々厳しさを増す可能性があります。

　また，当行は，収益力増強のためにグローバルベースで様々なビジネス戦略を実施しておりますが，競合相手である他のグローバル金融機関による統合・買収・戦略的提携の進展等に伴い，競争が激化してきております。

　そうした中，以下に述べるものをはじめとする様々な要因が生じた場合には，これら戦略が功を奏しない，当初想定していた結果をもたらさない，又は変更を余儀なくされ，こうした競争的な事業環境において競争優位を得られない場合，当行の事業，財政状態及び経営成績に悪影響を及ぼすおそれがあります。

・取引先への貸出ボリュームの維持・増大が想定通りに進まないこと。
・既存の貸出についての利鞘拡大が想定通りに進まないこと。
・本邦における長短金利操作付き量的・質的金融緩和の長期化，又はマイナス金利幅の更なる拡大により，貸出利鞘の縮小が進行すること。
・当行が目指している手数料収入の増大が想定通りに進まないこと。
・デジタルトランスフォーメーション戦略の遅れ等により次世代の金融サービ

ス提供が想定通りに進まないこと。

- ・効率化を図る戦略が想定通りに進まないこと。
- ・現在実施中又は今後実施する事業ポートフォリオの見直し，システム統合及び効率化戦略等が想定通り進捗せず，顧客やビジネスチャンスの逸失若しくは想定を上回る費用が生じること。
- ・必要な人材を確保・育成できないこと。
- ・必要な外貨流動性を確保できないこと。
- ・本邦及び諸外国の法規制により，金融機関以外の事業者への投資の機動性や積極性が制限されること。
- ・当行や，業界全体に対する信用不安の高まりによる預金流出で流動性が不足すること。

6. 業務範囲拡大・海外事業展開に伴うリスク

　当行は，業務範囲の拡大や海外事業の展開を行っており，これらに伴う新しくかつ複雑なリスクにさらされる場合があります。当行では，かかるリスクに対応するために内部統制システム及びリスク管理システムや法規制対応体制の構築，必要な人材の確保・育成に努めておりますが，必ずしもあらゆる事態に対応できるとは限らず，当行の財政状態及び経営成績に悪影響を及ぼすおそれがあります。

　また，当行は，世界に選ばれる，信頼のグローバル金融を目指し，その戦略的施策の一環として，グローバルベースで買収・出資・資本提携等を実施しており，今後も買収・出資・資本提携等を行う可能性があります。既存の重要な海外子会社としては，Bank of Ayudhya Public Company Limited及びPT Bank Danamon Indonesia, Tbk. があります。しかしながら，政治や社会情勢の不安定化，経済の停滞，金融市場の変動，監督当局の不承認，法令・会計基準の変更，当行の意図とは異なる相手先の戦略や財務状況の変化，相手先の属する地域特性・業界・経営環境の想定外の変化等により，買収・出資・資本提携等が当行の想定通り進展せず，若しくは変更・解消され，又は想定通りのシナジーその他の効果を得られない可能性や，買収・出資・資本提携等に際して取得した株式や買収・出資・資本提携等により生じたのれん等の無形固定資産の価値が毀損する可能性があり

ます。これらの結果，当行の事業戦略，財政状態及び経営成績に悪影響を及ぼす可能性があります。買収・出資に伴う当行ののれん等の無形固定資産の状況については，本有価証券報告書の「第5 経理の状況 1 連結財務諸表等（1）連結財務諸表注記事項（重要な会計上の見積り）」，「第5 経理の状況 1 連結財務諸表等（1）連結財務諸表注記事項（企業結合等関係）」及び「第5 経理の状況 1 連結財務諸表等（1）連結財務諸表注記事項（セグメント情報等）」をご参照下さい。

更に業務範囲の拡大が予想通りに進展しない場合，当行の業務範囲拡大への取組みが奏功しないおそれがあります。

自己資本に関するリスク

7. 自己資本比率等に関するリスク ··

(1) 自己資本比率等の規制及び悪化要因 ···

当行には，バーゼルⅢに基づく自己資本比率及びレバレッジ比率に関する規制が適用されております。また，2022年4月28日に金融庁は，自己資本比率規制に関する告示の一部改正を公布し，最終化されたバーゼルⅢの国際統一基準行に対する実施時期を2024年3月末とすることを公表しております。レバレッジ比率に関する規制について，2022年11月11日に金融庁は，日本銀行に対する預け金の額を総エクスポージャーの額から除外する現在の時限的措置を存置した上で，2024年4月から要求水準を引き上げることを公表しております。また，株式会社三菱UFJフィナンシャル・グループ（以下，「三菱UFJフィナンシャル・グループ」といいます。）は，金融安定理事会（FSB）によりグローバルなシステム上重要な金融機関（G－SIB）に指定されており，2023年3月末より，三菱UFJフィナンシャル・グループを含むG－SIBsを対象に，レバレッジ比率の要求水準に対する上乗せ措置が導入されています。

当行の自己資本比率及びレバレッジ比率が各種資本バッファーを含め要求される水準を下回った場合，金融庁から社外流出額の制限，業務の停止等を含む様々な命令を受ける可能性があります。

また，当行には，米国を含む諸外国において，現地における自己資本比率等の規制が適用されており，要求される水準を下回った場合には，現地当局から様々

な命令を受けることになります。当行の自己資本比率及びレバレッジ比率に影響を与える要因には以下のものが含まれます。

- 債務者及び株式・債券の発行体の信用力の悪化に際して生じうるポートフォリオの変動
- 調達している資本調達手段の償還・満期等に際して，これらを同等の条件で借り換え又は発行することの困難性
- 有価証券ポートフォリオの価値の低下
- 為替レートの不利益な変動
- 自己資本比率等の規制の不利益な改正
- 繰延税金資産計上額の減額
- その他の不利益な事象の発生

(2)　グローバルなシステム上重要な金融機関（G－SIBs）に対する規制 ………

三菱UFJフィナンシャル・グループを含むG－SIBsは，他の金融機関より高い資本水準が求められていますが，今後更に高い資本水準を求められるおそれがあります。

(3)　破綻時における総損失吸収力（TLAC）規制 ………………………………

FSBが2015年11月に公表した「グローバルなシステム上重要な銀行の破綻時の損失吸収及び資本再構築に係る原則」及び2017年7月に公表した「グローバルなシステム上重要な銀行の内部総損失吸収力に係る指導原則」を踏まえ，本邦では2019年3月期より三菱UFJフィナンシャル・グループを含むG－SIBsに対して一定比率以上の損失吸収力等を有すると認められる資本・負債（以下，「外部TLAC」といいます。）を確保することが求められ，また，確保した外部TLACは内の主要な子会社に一定額以上を配賦すること（以下，「内部TLAC」といいます。）になっています。また，規制で要求される水準は2022年3月期から引き上げられました。三菱UFJフィナンシャル・グループ内では，当行，三菱UFJ信託銀行株式会社（以下，「三菱UFJ信託銀行」といいます。），三菱UFJモルガン・スタンレー証券株式会社及びMUFG Americas Holdingsが主要な子会社として指

定されています。三菱UFJフィナンシャル・グループは，外部TLAC比率又は本邦における主要な子会社に係る内部TLAC額として要求される水準を下回った場合，金融庁から社外流出額の制限を含め，様々な命令を受ける可能性があります。外部TLAC比率及び内部TLAC額は，自己資本比率等の規制に係る上記(1)〜(2)に記載する様々な要因により影響を受けます。三菱UFJフィナンシャル・グループは，要求されるTLACの確保のため，適格な調達手段の発行を進めておりますが，TLACとして適格な調達手段の発行及び借り換えができない場合には，外部TLAC比率及び内部TLAC額として要求される水準を満たせない可能性があります。

　また，当行グループ内の米国の一部銀行子会社であるMUFG Americas Holdingsは，現地におけるTLAC規制が適用されており，要求される水準を下回った場合には，現地当局から様々な命令を受けることになります。

8. 為替リスク

　当行はグローバルにビジネスを展開しており，外貨建ての金融資産及び負債を保有しています。為替レートの変動により，それらの資産及び負債の円貨換算額も変動します。当行では，通貨毎の資産と負債の額の調整やヘッジを行っておりますが，変動を相殺できない場合，当行の自己資本比率，財政状態及び経営成績は，為替レートの変動により，悪影響を受ける可能性があります。海外における保有資産及び負債の状況については，本有価証券報告書の「4 経営者による財政状態，経営成績及びキャッシュ・フローの状況の分析」をご覧下さい。

信用リスク（信用供与先の財務状況悪化等により損失を被るリスク）
9. 貸出業務に関するリスク

　貸出業務は当行の主要業務の一つとなっています。当行は，担保や保証，クレジットデリバティブ等を用いて信用リスクの削減に取り組んでおりますが，借り手が期待通りに返済できない場合，又は当行が借り手の返済能力の悪化に対して，又はその可能性を予測して講じた措置が不適切又は不十分である場合には，将来，追加的な与信関係費用が発生する可能性があります。その結果，当行の財政状態

及び経営成績に悪影響を及ぼし，自己資本の減少につながる可能性があります。なお，与信関係費用，銀行法及び金融再生法に基づく開示債権の状況については，本有価証券報告書の「4 経営者による財政状態，経営成績及びキャッシュ・フローの状況の分析」，クレジットデリバティブ取引については，「第5 経理の状況 1 連結財務諸表等（1）連結財務諸表注記事項（デリバティブ取引関係）」をご参照下さい。当行の与信関係費用及び不良債権は，新興国を含む国内外の景気の悪化，資源価格等の物価の変動，不動産価格や株価の下落，新興国通貨安，金利上昇，貸出先の業界内の競争激化等による業績不振等により増加する可能性があります。

（1）　貸倒引当金の状況 ···

　当行は，貸出先の状況，担保の価値及び経済全体に関する前提及び見積りに基づいて，貸倒引当金を計上しておりますが，経済情勢全般の悪化や個別貸出先の業績悪化等により追加の貸倒引当金を計上せざるを得なくなったり，担保の価値又は流動性が低下したり，実際の貸倒れが貸倒引当金を上回ることにより，追加的な与信関係費用が発生したりする可能性があります。また，貸倒引当金の計上に関する規制や指針が変更され，貸倒引当金の計上の際に用いる評価方法に変更が生じた結果として，貸倒引当金を追加で計上しなければならなくなる可能性もあります。2023年3月末基準における当行の連結貸借対照表上の貸倒引当金額は1兆1,230億円でした。貸倒引当金の計上については，「第5 経理の状況 1 連結財務諸表等（1）連結財務諸表注記事項（重要な会計上の見積り）」をご参照下さい。

（2）　特定業種等への貸出その他の与信の集中 ···············

　当行は，貸出その他の与信に際しては，特定の業種，特定の与信先への偏りを排除すべくポートフォリオ分散に努めておりますが，不動産業種向けの与信は，相対的に割合が高い状況にあり，これらの業種等の業績悪化の影響を受けやすい状況にあります。個々の与信先の状況や，業界特有の動向，新興国を含む各国の国情については継続的にモニタリング・管理を実施しておりますが，国内外の景気動向（気候変動や感染症の流行，ロシア・ウクライナ情勢が与える影響を含み

ます。）や不動産・資源価格・外国為替の動向等によっては，想定を上回る信用力の悪化が生じる可能性があります。

（3） 貸出先への対応 ···

　当行は，回収の効率・実効性その他の観点から，貸出先に債務不履行等が生じた場合においても，当行が債権者として有する法的な権利の全てを必ずしも実行しない場合がありえます。

　また，当行は，それが合理的と判断される場合には，貸出先に対して債権放棄又は追加貸出や追加出資を行って支援をすることもありえます。かかる貸出先に対する支援を行った場合は，当行の貸出残高が大きく増加し，与信関係費用が増加する可能性や追加出資に係る株価下落リスクが発生する可能性もあります。

10. 他の金融機関との取引 ···

　国内外の金融機関（銀行，ノンバンク，証券会社及び保険会社等を含みます。）の中には，資産内容の劣化及びその他の財務上の問題が存在している可能性があり，今後悪化する可能性やこれらの問題が新たに発生する可能性もあります。このような問題は最近，欧米で相次いで起きた金融機関の経営危機によって顕在化しました。こうした金融機関の財政的困難が継続，悪化又は発生すると，それらの金融機関の流動性及び支払能力に問題が生じるだけでなく，金融システムに問題が生じ金融業や経済全般へ波及するおそれもあります。また，以下の理由により当行に悪影響を及ぼす可能性があります。

- ・当行は，一部の金融機関へ信用を供与しております。
- ・当行は，一部の金融機関の株式を保有しております。
- ・問題の生じた金融機関が貸出先に対して財政支援を打ち切る又は減少させるかもしれません。その結果，当該貸出先の破綻や，当該貸出先に対して貸出をしている当行の不良債権の増加を招くかもしれません。
- ・経営破綻に陥った金融機関に対する支援に当行が参加を要請されるおそれがあります。
- ・政府が経営を支配する金融機関の資本増強や，収益拡大等のために，規制上，

税務上，資金調達上又はその他の特典を当該金融機関に供与するような事態が生じた場合，当行は競争上の不利益を被るかもしれません。

・預金保険の基金が不十分であることが判明した場合，当行の支払うべき預金保険の保険料が引き上げられるおそれがあります。

・金融機関の破綻又は政府による金融機関の経営権取得により，金融機関に対する預金者及び投資家の信任が全般的に低下する，又は金融機関を取巻く全般的環境に悪影響を及ぼすおそれがあります。

・金融業及び金融システムに対する否定的・懐疑的なマスコミ報道（内容の真偽，当否を問いません。）により当行の評判，信任等が低下するおそれがあります。

政策投資株式リスク（保有する株式の株価下落により損失を被るリスク）

11. 保有株式に係るリスク ···

　当行は政策投資目的で保有するものを含め市場性のある株式を大量に保有しており，2023年3月末基準の保有時価合計は約3.5兆円，その簿価は約1.3兆円となっています。当行では，株価変動リスクの抑制の観点も踏まえ，「政策保有に関する方針」において，政策保有株式の削減を基本方針とし，保有意義・経済合理性を検証したうえで，保有の妥当性が認められない場合には，取引先の十分な理解を得た上で，売却を進めております。また，政策保有株式に対しては，トータル・リターン・スワップ等をヘッジ手段として部分的にヘッジを行うことで，株価変動リスクの削減に努めております。

　しかしながら，株価が下落した場合には，保有株式に減損又は評価損が発生若しくは拡大する可能性があります。また，自己資本の算出にあたり，保有株式の含み損益を勘案していることから，株価が下落した場合には，自己資本比率等の低下を招くおそれがあります。その結果，当行の財政状態及び経営成績に悪影響を与える可能性があります。

市場リスク（金利，有価証券の価格，為替などの変動により損失を被るリスク）

12. 市場業務に伴うリスク ···

　当行は，デリバティブを含む様々な金融商品を取り扱う広範な市場業務を行っており，大量の金融商品を保有しています。これにより，例えば，国内外の金融政策の変更等により内外金利が低下した場合，当行が保有する国債等の再投資利回りが低下する可能性があります。また，長短金利差が縮小する場合，資金利益が減少する可能性があります。一方，内外金利が上昇した場合，当行の保有する大量の国債等に売却損や評価損が生じる可能性があります。また，円高となった場合は，当行の外貨建て投資の財務諸表上の価値が減少し，売却損や評価損が発生する可能性があります。加えて，株価が下落した場合，当行が保有する株式等の価値が減少し，売却損や評価損が発生する可能性があります。当行では，このような内外金利，為替レート，有価証券等の様々な市場の変動により損失が発生するリスクを市場リスクとして管理しておりますが，計算された市場リスク量は，その性質上，実際のリスクを常に正確に反映できるわけではなく，またこのように示されたリスク量を上回る損失が実現する可能性もあります。

　なお，当行が保有する有価証券残高の状況については，本有価証券報告書の「第5 経理の状況 1 連結財務諸表等（1）連結財務諸表注記事項（有価証券関係）」をご参照下さい。

資金流動性リスク（資金繰りがつかなくなるリスク）

13. 当行の格下げ，外部要因に伴うリスク ·····················

　当行では，資金流動性リスク管理上の指標を設ける等，適正な資金流動性の確保に努めておりますが，格付機関による当行の格下げや金融システム不安，金融市場混乱等の外部要因により，調達コストの増加，調達余力の減少，担保の追加拠出，又は顧客からの信用低下等を起因に一定の取引を行うことができなくなる等の悪影響を受けるおそれがあり，その結果，当行の事業，財政状態及び経営成績に悪影響を及ぼすおそれがあります。

　例えば，2023年3月末時点のデリバティブ取引及び信用格付に基づいて，当行の格付が1段階格下げされたと仮定した場合約1,791億円，2段階格下げされ

たと仮定した場合約2,081億円の追加担保を当行が提供する必要があったと推定されます。

オペレーショナルリスク（内部管理上の問題や外部要因により損失が発生するリスク）

14. 不公正・不適切な取引その他の行為が存在したとの指摘や，これらに伴う処分等を受けるリスク ……………………………………………………………

　当行は，事業を行っている本邦及び海外における法令，規則，政策，自主規制等を遵守する必要があり，国内外の規制当局による検査，調査等の対象となっております。当行はコンプライアンス・リスク管理態勢及びプログラムの強化に継続して取り組んでおりますが，かかる取組みが全ての法令等に抵触することを完全に防止する効果を持たない可能性があります。

　当行が，マネー・ローンダリング，経済制裁への対応，贈収賄・汚職防止，金融犯罪その他の不公正・不適切な取引に関するものを含む，適用ある法令及び規則を遵守できない場合，あるいは，社会規範・市場慣行・商習慣に反するものとされ，顧客視点の欠如等があったものとされる場合には，罰金，課徴金，懲戒，評価の低下，業務改善命令，業務停止命令，許認可の取消しを受ける可能性があります。また，当行が顧客やマーケット等の信頼を失い，当行の経営成績及び財政状況に悪影響が生じる可能性があります。将来，当行が戦略的な活動を実施する場面で当局の許認可を取得する際にも，悪影響を及ぼすおそれがあります。

　2019年2月に，当行は，米国通貨監督庁（Office of the Comptroller of the Currency。以下「OCC」といいます。）との間で，当行のニューヨーク支店，ロスアンゼルス支店及びシカゴ支店において，米国の銀行秘密法に基づくマネー・ローンダリング防止に関する内部管理態勢等が不十分であるとのOCCからの指摘に関し，改善措置等を講じることで合意しました。当行は，上述の事象に関連する事項について必要な対応を行い，OCCは2022年12月に当行の銀行秘密法に基づくマネー・ローンダリング防止に関する内部管理態勢に係る当該合意を解除しました。

　また，当行は，当行を含むパネル行が各種銀行間指標金利の算出機関に呈示し

(point) **生産及び販売の状況**

　　生産高よりも販売高の金額の方が大きい場合は，作った分よりも売れていることを意味するので，景気が良い，あるいは会社のビジネスがうまくいっていると言えるケースが多い。逆に販売額の方が小さい場合は製品が売れなく，在庫が増えて景気が悪くなっていると言える場合がある。

た内容等を調査している各国の政府当局から，情報提供命令等を受けておりました。また為替業務に関しても，当局から同様の情報提供要請を受けており，一部の当局との間では制裁金の支払いに合意しました。当行は，これらの調査に対して協力を行い，独自の調査等を実施しております。上記に関連して，当行は，指標金利であれば他のパネル行，為替業務であればその他金融機関とともに，米国におけるクラスアクションを含む，複数の民事訴訟の被告となっております。

　今後，関係当局より更なる制裁金支払の処分等を受け，又は関係当局との間で新たな和解金の支払合意を行うなどの可能性を含め，新たな展開又は類似の事象により，当行に重大な財務上その他の悪影響が生じる可能性があります。

15．情報紛失・漏洩に係るリスク

　当行は，国内外の法規制に基づき，顧客情報や個人情報を適切に取り扱うことが求められております。当行では，顧客情報や個人情報を多く保有しており，当行は，情報の保管・取扱いに関する規程類の整備，システム整備を実施し，管理態勢高度化に取組んでおりますが，不適切な管理，外部からのサイバー攻撃その他の不正なアクセス，若しくはコンピュータウイルスへの感染等により，顧客情報や個人情報等の紛失・漏洩を完全には防止できない可能性があります。その場合，罰則や行政処分の対象となるほか，顧客に対する損害賠償等，直接的な損失が発生する可能性があります。加えて，顧客の信頼を失う等により当行の経営成績及び財政状態に悪影響を及ぼす可能性，並びにこれらの事象に対応するための追加費用等が発生する可能性があります。

16．システム，サイバー攻撃等に関するリスク

　当行のシステム（業務委託先等の第三者のシステムを含みます。）は，事業を行う上で非常に重要な要素の一つであり，リモートワークや非対面チャネルを通じた業務の拡大やデジタル戦略を推進している中で特に重要性が高まっており，適切な設計やテストの実施等によりシステム障害等を未然に防止し，セキュリティ面に配慮したシステムの導入に努めていますが，システム障害やサイバー攻撃，不正アクセス，コンピュータウイルス感染，人為的ミス，機器の故障，通信事業

(point) **対処すべき課題**

　有報のなかで最も重要であり注目すべき項目。今，事業のなかで何かしら問題があればそれに対してどんな対策があるのか，上手くいっている部分をどう伸ばしていくのかなどの重要なヒントを得ることができる。また今後の成長に向けた技術開発の方向性や，新規事業の戦略についての理解を深めることができる。

者等の第三者の役務提供の瑕疵，新技術，新たなシステムや手段への不十分な対応等を完全には防止できない可能性があります。また，全てのビジネス要件や金融機関に対する規制強化の高まりからくる規制要件に対応するシステムの機能強化への要請を十分に満たせない可能性や，市場や規制の要請に応えるために必要なシステム構築や更新がその作業自体の複雑性等から計画どおりに完了しない可能性があります。その場合，情報通信システムの不具合や不備が生じ，取引処理の誤りや遅延等の障害，情報の流出等が生じ，業務の停止及びそれに伴う損害賠償の負担その他の損失が発生する可能性，当行の信頼が損なわれ又は評判が低下する可能性，行政処分の対象となる可能性，並びにこれらの事象に対応するための追加費用等が発生する可能性があります。

17. テロ支援国家との取引に係るリスク

当行は，イラン・イスラム共和国（以下，「イラン」といいます。）等，米国国務省が「テロ支援国家」と指定している国における法主体又はこれらの国と関連する法主体との間の取引を実施しております。また，当行はイランに駐在員事務所を設置しております。

米国法は，米国人が当該国家と取引を行うことを，一般的に禁止又は制限しております。更に，米国政府及び年金基金をはじめとする米国の機関投資家が，イラン等のテロ支援国家と事業を実施する者との間で取引や投資を行うことを規制する動きがあるものと認識しております。このような動きによって，当行が米国政府及び年金基金をはじめとする機関投資家，あるいは規制の対象となる者を，当行の顧客又は投資家として獲得，維持できない結果となる可能性があります。加えて，社会的・政治的な状況に照らして，上記国家との関係が存在することによって，当行の評判が低下することも考えられます。上記状況は，当行の財政状態，経営成績及び当行の株価に対して悪影響を及ぼす可能性があります。

なお，米国政府による対イラン制裁措置により，米国人の関与するイランとの取引の禁止などが実施されています。更に，2018年5月の米国によるイランに関する包括的共同行動計画（Joint Comprehensive Plan of Action）からの離脱後に発令された大統領令により，広範なイラン関連取引や活動について，関与した

非米国人に対して二次制裁を適用し得るものとされています。当行では，二次制裁を含む米国による措置が適用されるリスクの増加を受けて，今後とも当該リスクのモニタリングと対応策を実施してまいります。

　更に，米国証券取引所に登録している企業（米国外企業を含みます。）には，特定のイラン関連の取引の開示が引き続き義務づけられています。本邦においても，イランの拡散上機微な核活動・核兵器運搬手段開発に関与する者に対する資産凍結等の措置が実施されています。当行では，これらの規制を遵守するための態勢の改善に努めています。しかしながら，かかる態勢が適用される規制に十分対応できていないと政府当局に判断された場合には，何らかの規制上の措置の対象となる可能性があります。なお，これに関連する処分等については，「14. 不公正・不適切な取引その他の行為が存在したとの指摘や，これらに伴う処分等を受けるリスク」をご参照下さい。

18. 規制変更のリスク

　グローバルな金融サービス提供者として，当行の事業は国内外の法律，規則，政策，会計基準，実務慣行及び解釈，並びに国際的な金融規制等の継続的な変更のリスクにさらされております。主要な金融機関は，新技術，地政学上の変化，環境・社会・ガバナンス上の懸念，及び国際金融セクターに関するその他の懸念事項を背景とする，より厳しい法律，規制及び基準等への対応を迫られています。また，金融業界における不祥事やリスク管理の不備に関する事案を受け，社内のコンプライアンス・リスク管理体制の強化を求める動きも強まっています。当行に適用される法律，規制及び基準等は複雑で，多くの場合，これらを当行のビジネスに適用するに際しては，解釈を伴う決定が必要となります。法律，規則，政策，会計基準，実務慣行，解釈の変更及びその影響は，より多くの経営資源の投入のみならず，経営にも影響を与え，場合によっては経営戦略を変更せざるを得なくなるおそれがあります。第三者への委託により実施するものを含むコンプライアンスのプログラムやシステムについては，必要な強化を計画通りに実施できなくなる可能性も出てきます。また，当行に適用される法律や規制への対応が不十分な場合，罰金，警告，レピュテーションの悪化，業務改善及びその他の行政命令，

営業の強制的停止，将来の戦略的イニシアチブに規制当局から承認が得られないこと，深刻な場合としては営業認可の取消を受ける場合等，当行の財政状況及び経営成績に悪影響を及ぼすおそれがあります。

19. 消費者金融業務に係るリスク

　当行は，消費者金融業に従事する子会社や関連会社を有すると同時に消費者金融業者に対する貸出金を保有しており，消費者金融業における事業環境や規制環境の変化により，当行の業績に悪影響を及ぼす可能性があります。消費者金融業に関しては，いわゆるみなし弁済を厳格に解するものを含め，過払利息の返還請求をより容易にする一連の判例が出され，これらに伴い過払利息の返還を求める訴訟が引き続き発生しております。当行では，消費者金融業に従事する子会社や関連会社における過払利息の返還による費用負担のほか，当行が貸出金を保有する消費者金融業者の業績悪化による追加的な与信費用が発生する可能性があり，消費者金融業に不利な新たな司法上の判断や規制強化がある場合には追加的な費用負担が発生する可能性もあります。

20. 評判に関するリスク

　三菱UFJフィナンシャル・グループは，本邦及び国際金融市場においてG－SIBに指定されており，世界に選ばれる，信頼のグローバル金融を目指しております。当行のビジネスはお客さまのみならず，地域社会，国際社会等からの信頼と信用の下に成り立っています。そのため，当行の評判は，お客さま，投資家，監督官庁，及び社会との関係を維持する上で極めて重要です。MUFG Wayや行動規範等を踏まえ，評判リスクの適切な管理に努めておりますが，特に，人権，環境，健康，安全等の社会的責任への懸念が生じる取引や各種法令等（アンチマネー・ローンダリング，経済制裁，競争法，暴力団排除条例等）の趣旨に反するおそれのある取引などを防止できず，又はこれらに適切に対処することができなかった場合で，大規模な報道に繋がり得るなど世論の注目が高いときや規制当局の関心が高いときなどにおいて，当行は，現在又は将来のお客さま及び投資家を失うこととなり，当行の事業，財政状態及び経営成績に悪影響を及ぼす可能性が

あり，企業価値を毀損する可能性があります。

3 経営者による財政状態，経営成績及びキャッシュ・フローの状況の分析

（1）経営成績等の状況の概要 ‥‥‥‥‥‥‥‥‥‥‥‥‥‥‥‥‥‥‥

（財政状態及び経営成績の状況）

当連結会計年度の業績につきましては，以下のとおりとなりました。

資産の部につきましては，当連結会計年度中142,382億円増加して，当連結会計年度末残高は3,138,492億円となりました。主な内訳は，貸出金1,064,741億円，現金預け金920,166億円，有価証券722,395億円となっております。負債の部につきましては，当連結会計年度中142,225億円増加して，当連結会計年度末残高は3,015,906億円となりました。主な内訳は，預金・譲渡性預金2,112,910億円となっております。

損益につきましては，経常収益は前連結会計年度比25,789億円増加して66,298億円となり，経常費用は前連結会計年度比31,168億円増加して63,428億円となりました。以上の結果，経常利益は前連結会計年度比5,378億円減少して2,869億円となり，親会社株主に帰属する当期純利益は前連結会計年度比990億円増加して6,020億円となりました。

なお，MUFG Union Bank, N. A.（以下，MUB）株式の譲渡契約の締結に伴い，米国財務会計基準審議会会計基準コーディフィケーション（ASC）326「金融商品－信用損失」，ASC310「債権」等に従い発生した総額9,525億円の損失のうち，主なものとして売却対象の有価証券に係る公正価値評価による損失5,554億円を臨時損益に，売却対象の貸出金に係る公正価値評価による損失4,005億円を貸出金償却に含めております。

なお，報告セグメントの業績は次のとおりであります。

1 デジタルサービス部門

　営業純益は前年同期比123億円増加して116億円となりました。

2 法人・リテール部門

　営業純益は前年同期比752億円増加して1,034億円となりました。

3 コーポレートバンキング部門

営業純益は前年同期比1,748億円増加して4,117億円となりました。

4　グローバルコマーシャルバンキング部門

営業純益は前年同期比466億円増加して2,902億円となりました。

5　グローバルCIB部門

営業純益は前年同期比1,395億円増加して3,763億円となりました。

6　市場部門

営業純益は前年同期比184億円減少して893億円となりました。

7　その他部門

営業純益は前年同期比414億円減少して△1,036億円となりました。

　なお，当連結会計年度より，部門間の収益・経費の配賦方法の変更に伴い，報告セグメントの利益の算定方法を変更しております。

　変更後の算定方法に基づき作成した前連結会計年度のセグメント情報については，「第5 経理の状況」中，1「連結財務諸表等」（1）「連結財務諸表」「注記事項」（セグメント情報等）に記載しております。

（キャッシュ・フローの状況）

　キャッシュ・フローにつきましては，営業活動においては，前連結会計年度比105,014億円収入が増加して，126,168億円の収入となる一方，投資活動においては，前連結会計年度比117,192億円支出が増加して122,523億円の支出となりました。また，財務活動によるキャッシュ・フローは，前連結会計年度比17,035億円収入が増加して，15,249億円の収入となりました。

　現金及び現金同等物の当連結会計年度末残高は，前連結会計年度末比26,226億円増加して920,166億円となりました。

　国際統一基準による連結総自己資本比率は12.58%となりました。

① 国内・海外別収支

　国内・海外別収支の内訳は次のとおりであります。

　当連結会計年度の資金運用収支・役務取引等収支・特定取引収支・その他業務収支の合計は32,280億円で前年度比5,434億円の増益となりました。国内・海外の別では国内が12,025億円で前年度比787億円の増益，海外が22,514億

円で前年度比4,803億円の増益となりました。

種類	期別	国内 金額(百万円)	海外 金額(百万円)	相殺消去額 金額(百万円)	合計 金額(百万円)
資金運用収支	前連結会計年度	702,568	1,075,736	△28,824	1,749,480
	当連結会計年度	1,065,555	1,388,756	△65,992	2,388,320
うち資金運用収益	前連結会計年度	902,496	1,380,248	△48,885	2,233,858
	当連結会計年度	1,497,969	2,971,085	△173,720	4,295,333
うち資金調達費用	前連結会計年度	199,927	304,511	△20,060	484,378
	当連結会計年度	432,413	1,582,328	△107,728	1,907,013
役務取引等収支	前連結会計年度	393,128	527,837	△181,268	739,697
	当連結会計年度	404,112	649,787	△159,489	894,410
うち役務取引等収益	前連結会計年度	539,408	600,764	△223,942	916,231
	当連結会計年度	553,887	734,472	△216,558	1,071,800
うち役務取引等費用	前連結会計年度	146,280	72,927	△42,674	176,533
	当連結会計年度	149,774	84,685	△57,068	177,390
特定取引収支	前連結会計年度	17,492	63,408	△1,304	79,596
	当連結会計年度	16,790	112,453	1,326	130,570
うち特定取引収益	前連結会計年度	17,427	139,229	△76,569	80,088
	当連結会計年度	18,397	251,094	△64,313	205,179
うち特定取引費用	前連結会計年度	△65	75,820	△75,264	491
	当連結会計年度	1,607	138,641	△65,639	74,608
その他業務収支	前連結会計年度	10,646	104,126	1,076	115,850
	当連結会計年度	△283,876	100,462	△1,791	△185,205
うちその他業務収益	前連結会計年度	212,354	192,245	△68,036	336,563
	当連結会計年度	351,926	313,356	△172,400	492,882
うちその他業務費用	前連結会計年度	201,707	88,118	△69,113	220,712
	当連結会計年度	635,803	212,893	△170,608	678,088

(注) 1 「国内」とは，当行（海外店を除く）及び国内に本店を有する連結子会社（以下，「国内連結子会社」という。）であります。「海外」とは，当行の海外店及び海外に本店を有する連結子会社（以下，「海外連結子会社」という。）であります。

2 資金調達費用は金銭の信託運用見合費用を控除して表示しております。

3 「相殺消去額」とは，連結会社間の内部取引等に係る消去額合計であります。

② 国内・海外別資金運用／調達の状況

（ⅰ） 国内

国内における資金運用／調達の状況は次のとおりであります。

当連結会計年度の資金運用勘定平均残高は前年度比13,087億円増加して

1,597,121億円となりました。利回りは0.36％上昇して0.93％となり，受取利息合計は14,979億円で前年度比5,954億円の増加となりました。資金調達勘定平均残高は前年度比38,296億円増加して1,998,371億円となりました。利回りは0.11％上昇して0.21％となり，支払利息合計は4,324億円で前年度比2,324億円の増加となりました。

種類	期別	平均残高	利息	利回り
		金額（百万円）	金額（百万円）	（％）
資金運用勘定	前連結会計年度	158,403,365	902,496	0.56
	当連結会計年度	159,712,137	1,497,969	0.93
うち貸出金	前連結会計年度	65,636,133	494,922	0.75
	当連結会計年度	67,660,084	697,001	1.03
うち有価証券	前連結会計年度	56,949,792	291,008	0.51
	当連結会計年度	60,287,377	730,774	1.21
うちコールローン及び買入手形	前連結会計年度	661,439	△77	△0.01
	当連結会計年度	681,309	2,145	0.31
うち買現先勘定	前連結会計年度	646,140	550	0.08
	当連結会計年度	1,089,351	16,349	1.50
うち債券貸借取引支払保証金	前連結会計年度	—	—	—
	当連結会計年度	710	0	0.00
うち預け金	前連結会計年度	32,117,384	32,040	0.09
	当連結会計年度	26,811,033	27,109	0.10
資金調達勘定	前連結会計年度	196,007,411	199,927	0.10
	当連結会計年度	199,837,102	432,413	0.21
うち預金	前連結会計年度	157,434,978	14,502	0.00
	当連結会計年度	160,470,780	92,736	0.05
うち譲渡性預金	前連結会計年度	1,233,871	208	0.01
	当連結会計年度	1,266,014	218	0.01
うちコールマネー及び売渡手形	前連結会計年度	117,706	△44	△0.03
	当連結会計年度	447,680	71	0.01
うち売現先勘定	前連結会計年度	7,214,803	14,877	0.20
	当連結会計年度	14,376,044	212,860	1.48
うち債券貸借取引受入担保金	前連結会計年度	—	—	—
	当連結会計年度	30,232	3	0.00
うちコマーシャル・ペーパー	前連結会計年度	—	—	—
	当連結会計年度	—	—	—
うち借用金	前連結会計年度	35,605,597	167,497	0.47
	当連結会計年度	33,380,236	275,723	0.82

（注）1　平均残高は，原則として日々の残高の平均に基づいて算出しておりますが，一部の連結子会社については，月末毎の残高等に基づく平均残高を利用しております。
　　　2　「国内」とは，当行（海外店を除く）及び国内連結子会社であります。
　　　3　資金運用勘定は無利息預け金の平均残高を，資金調達勘定は金銭の信託運用見合額の平均残高及び利息を，それぞれ控除して表示しております。

（ⅱ）　海外

海外における資金運用／調達の状況は次のとおりであります。

当連結会計年度の資金運用勘定平均残高は前年度比116,088億円増加して840,560億円となりました。利回りは1.62％上昇して3.53％となり，受取利息合計は29,710億円で前年度比15,908億円の増加となりました。資金調達勘定平均残高は前年度比111,984億円増加して844,174億円となりました。利回りは1.45％上昇して1.87％となり，支払利息合計は15,823億円で前年度比12,778億円の増加となりました。

種類	期別	平均残高	利息	利回り
		金額（百万円）	金額（百万円）	（％）
資金運用勘定	前連結会計年度	72,447,235	1,380,248	1.90
	当連結会計年度	84,056,060	2,971,085	3.53
うち貸出金	前連結会計年度	41,170,247	972,921	2.36
	当連結会計年度	49,209,546	1,937,953	3.93
うち有価証券	前連結会計年度	9,443,861	159,256	1.68
	当連結会計年度	10,204,887	237,943	2.33
うちコールローン及び買入手形	前連結会計年度	587,287	4,809	0.81
	当連結会計年度	689,788	16,633	2.41
うち買現先勘定	前連結会計年度	2,961,806	17,903	0.60
	当連結会計年度	3,154,375	78,156	2.47
うち債券貸借取引支払保証金	前連結会計年度	657,355	2,192	0.33
	当連結会計年度	956,050	18,020	1.88
うち預け金	前連結会計年度	12,016,391	27,636	0.22
	当連結会計年度	13,334,644	307,547	2.30
資金調達勘定	前連結会計年度	73,219,035	304,511	0.41
	当連結会計年度	84,417,471	1,582,328	1.87
うち預金	前連結会計年度	50,072,209	172,258	0.34
	当連結会計年度	52,206,359	792,951	1.51
うち譲渡性預金	前連結会計年度	5,634,700	18,103	0.32
	当連結会計年度	8,068,415	219,791	2.72
うちコールマネー及び売渡手形	前連結会計年度	446,067	1,282	0.28
	当連結会計年度	253,139	3,664	1.44
うち売現先勘定	前連結会計年度	3,313,089	7,408	0.22
	当連結会計年度	3,547,103	72,718	2.05
うち債券貸借取引受入担保金	前連結会計年度	43,535	534	1.22
	当連結会計年度	64,022	894	1.39
うちコマーシャル・ペーパー	前連結会計年度	858,686	1,479	0.17
	当連結会計年度	1,841,597	56,432	3.06
うち借用金	前連結会計年度	1,421,896	20,777	1.46
	当連結会計年度	1,795,770	40,133	2.23

（注）1　平均残高は，原則として日々の残高の平均に基づいて算出しておりますが，一部の連結子会社については，月末毎の残高等に基づく平均残高を利用しております。

2 「海外」とは，当行の海外店及び海外連結子会社であります。
3 資金運用勘定は無利息預け金の平均残高を，資金調達勘定は金銭の信託運用見合額の平均残高及び利息を，それぞれ控除して表示しております。

(ⅲ) 合計

種類	期別	平均残高(百万円)			利息(百万円)			利回り(%)
		小計	相殺消去額	合計	小計	相殺消去額	合計	
資金運用勘定	前連結会計年度	230,850,600	△6,641,661	224,208,938	2,282,744	△48,885	2,233,858	0.99
	当連結会計年度	243,768,198	△7,788,737	235,979,460	4,469,054	△173,720	4,295,333	1.82
うち貸出金	前連結会計年度	106,806,380	△1,353,053	105,453,326	1,467,844	△11,569	1,456,275	1.38
	当連結会計年度	116,869,631	△1,477,977	115,391,653	2,634,955	△44,152	2,590,802	2.24
うち有価証券	前連結会計年度	66,393,654	△3,185,622	63,208,031	450,264	△29,507	420,756	0.66
	当連結会計年度	70,492,264	△3,341,760	67,150,503	968,717	△67,899	900,818	1.34
うちコールローン及び買入手形	前連結会計年度	1,248,727	△25,132	1,223,594	4,732	△11	4,720	0.38
	当連結会計年度	1,371,097	△34,299	1,336,798	18,779	△650	18,128	1.35
うち買現先勘定	前連結会計年度	3,607,946	△8,969	3,598,976	18,454	17	18,472	0.51
	当連結会計年度	4,243,726	―	4,243,726	94,505	3	94,508	2.22
うち債券貸借取引支払保証金	前連結会計年度	657,355	―	657,355	2,192	―	2,192	0.33
	当連結会計年度	956,761	―	956,761	18,020	―	18,020	1.88
うち預け金	前連結会計年度	44,133,775	△1,431,896	42,701,878	59,676	△3,367	56,309	0.13
	当連結会計年度	40,145,678	△2,565,677	37,580,001	334,656	△44,842	289,814	0.77
資金調達勘定	前連結会計年度	269,226,446	△3,481,476	265,744,969	504,439	△20,060	484,378	0.18
	当連結会計年度	284,254,574	△4,247,706	280,006,867	2,014,742	△107,728	1,907,013	0.68
うち預金	前連結会計年度	207,507,187	△1,205,894	206,301,293	186,761	△2,238	184,522	0.08
	当連結会計年度	212,677,140	△2,146,274	210,530,866	885,687	△40,015	845,671	0.40
うち譲渡性預金	前連結会計年度	6,868,571	―	6,868,571	18,311	―	18,311	0.26
	当連結会計年度	9,334,430	―	9,334,430	220,010	―	220,010	2.35
うちコールマネー及び売渡手形	前連結会計年度	563,774	△150,780	412,994	1,238	△412	825	0.19
	当連結会計年度	700,820	△33,346	667,473	3,735	△253	3,481	0.52
うち売現先勘定	前連結会計年度	10,527,893	△8,969	10,518,923	22,285	15	22,300	0.21
	当連結会計年度	17,923,148	―	17,923,148	285,579	0	285,580	1.59
うち債券貸借取引受入担保金	前連結会計年度	43,535	―	43,535	534	―	534	1.22
	当連結会計年度	94,254	―	94,254	897	―	897	0.95
うちコマーシャル・ペーパー	前連結会計年度	858,686	―	858,686	1,479	―	1,479	0.17
	当連結会計年度	1,841,597	―	1,841,597	56,432	―	56,432	3.06
うち借用金	前連結会計年度	37,027,494	△706,799	36,320,694	188,275	△12,341	175,933	0.48
	当連結会計年度	35,176,006	△956,248	34,219,757	315,857	△22,468	293,388	0.85

(注)「相殺消去額」とは，連結会社間の内部取引等に係る消去額合計であります。

③　国内・海外別役務取引の状況

　国内及び海外の役務取引等収支の状況は次のとおりであります。当連結会計年度の国内の役務取引は，役務取引等収益が5,538億円で前年度比144億円増収，役務取引等費用が1,497億円で前年度比34億円増加した結果，役務取引等収支では前年度比109億円増加して4,041億円となりました。海外の役務取引は，役務取引等収益が7,344億円で前年度比1,337億円増収，役務取引等費用が846億円で前年度比117億円増加した結果，役務取引等収支では前年度比1,219億円増加して6,497億円となりました。

　この結果，役務取引等収支合計では，前年度比1,547億円増加して8,944億円となりました。

種類	期別	国内 金額(百万円)	海外 金額(百万円)	相殺消去額 金額(百万円)	合計 金額(百万円)
役務取引等収益	前連結会計年度	539,408	600,764	△223,942	916,231
	当連結会計年度	553,887	734,472	△216,558	1,071,800
うち為替業務	前連結会計年度	157,733	12,641	△987	169,387
	当連結会計年度	151,020	14,155	△1,054	164,121
うちその他商業銀行業務	前連結会計年度	216,372	297,567	△2,603	511,336
	当連結会計年度	234,510	415,762	△4,966	645,306
うち保証業務	前連結会計年度	41,529	34,049	△14,156	61,422
	当連結会計年度	43,006	44,511	△16,766	70,751
うち証券関連業務	前連結会計年度	13,603	84,076	△38	97,641
	当連結会計年度	12,846	56,242	△41	69,047
役務取引等費用	前連結会計年度	146,280	72,927	△42,674	176,533
	当連結会計年度	149,774	84,685	△57,068	177,390
うち為替業務	前連結会計年度	25,664	12,360	△377	37,647
	当連結会計年度	20,931	13,195	△411	33,715

(注)1　「国内」とは，当行(海外店を除く)及び国内連結子会社であります。「海外」とは，当行の海外店及び海外連結子会社であります。

2 「その他商業銀行業務」には，預金・貸出業務，代理業務，保護預り・貸金庫業務，信託関連業務
  等を含んでおります。
3 「相殺消去額」とは，連結会社間の内部取引等に係る消去額合計であります。

④　国内・海外別特定取引の状況

（ⅰ）　特定取引収益・費用の内訳

　国内及び海外の特定取引収支の状況は次のとおりであります。

　当連結会計年度の国内の特定取引収益は183億円で前年度比9億円増収，特定取引費用は16億円で前年度比16億円増加した結果，特定取引収支では前年度比7億円減少して167億円となりました。海外の特定取引収益は2,510億円で前年度比1,118億円増収，特定取引費用は1,386億円で前年度比628億円増加した結果，特定取引収支では前年度比490億円増加して1,124億円となりました。

　この結果，特定取引収支合計では前年度比509億円増加して1,305億円となりました。

種類	期別	国内 金額(百万円)	海外 金額(百万円)	相殺消去額 金額(百万円)	合計 金額(百万円)
特定取引収益	前連結会計年度	17,427	139,229	△76,569	80,088
	当連結会計年度	18,397	251,094	△64,313	205,179
うち商品有価証券収益	前連結会計年度	—	60,348	△49,343	11,004
	当連結会計年度	—	51,052	△51,052	—
うち特定取引有価証券収益	前連結会計年度	—	11	△11	—
	当連結会計年度	4,975	185	△122	5,038
うち特定金融派生商品収益	前連結会計年度	16,597	78,868	△27,211	68,255
	当連結会計年度	12,459	199,853	△13,138	199,174
うちその他の特定取引収益	前連結会計年度	830	—	△2	828
	当連結会計年度	962	3	—	966
特定取引費用	前連結会計年度	△65	75,820	△75,264	491
	当連結会計年度	1,607	138,641	△65,639	74,608
うち商品有価証券費用	前連結会計年度	2,154	47,189	△49,343	—
	当連結会計年度	1,607	124,054	△51,052	74,608
うち特定取引有価証券費用	前連結会計年度	△2,219	2,722	△11	491
	当連結会計年度	—	122	△122	—
うち特定金融派生商品費用	前連結会計年度	—	25,906	△25,906	—
	当連結会計年度	—	14,464	△14,464	—
うちその他の特定取引費用	前連結会計年度	—	2	△2	—
	当連結会計年度	—	—	—	—

（注）1 「国内」とは，当行（海外店を除く）及び国内連結子会社であります。「海外」とは，当行の海外店及び海外連結子会社であります。

　　　2 「相殺消去額」とは，連結会社間の内部取引等に係る消去額合計であります。

（ⅱ）　特定取引資産・負債の内訳（末残）

　国内及び海外の特定取引の状況は次のとおりであります。

　当連結会計年度末の国内の特定取引資産は前年度比13,173億円増加して51,210億円，特定取引負債は前年度比2,785億円減少して13,882億円となりました。海外の特定取引資産は前年度比633億円減少して23,547億円，特定取引負債は前年度比4,281億円増加して19,554億円となりました。

種類	期別	国内	海外	相殺消去額	合計
		金額（百万円）	金額（百万円）	金額（百万円）	金額（百万円）
特定取引資産	前連結会計年度	3,803,681	2,418,115	△66,496	6,155,300
	当連結会計年度	5,121,044	2,354,767	△83,987	7,391,824
うち商品有価証券	前連結会計年度	86,110	1,043,482	△400	1,129,191
	当連結会計年度	83,045	1,024,557	△433	1,107,168
うち商品有価証券派生商品	前連結会計年度	—	490	—	490
	当連結会計年度	—	3,323	—	3,323
うち特定取引有価証券	前連結会計年度	68,468	—	—	68,468
	当連結会計年度	73,488	5,743	—	79,232
うち特定取引有価証券派生商品	前連結会計年度	5,544	0	—	5,544
	当連結会計年度	8,658	0	—	8,658
うち特定金融派生商品	前連結会計年度	1,430,147	1,374,142	△66,095	2,738,195
	当連結会計年度	1,399,848	1,307,437	△83,554	2,623,731
うちその他の特定取引資産	前連結会計年度	2,213,410	—	—	2,213,410
	当連結会計年度	3,556,003	13,705	—	3,569,709
特定取引負債	前連結会計年度	1,666,799	1,527,238	△56,334	3,137,703
	当連結会計年度	1,388,211	1,955,427	△87,319	3,256,319
うち売付商品債券	前連結会計年度	—	383,105	—	383,105
	当連結会計年度	—	397,872	—	397,872
うち商品有価証券派生商品	前連結会計年度	—	1,374	—	1,374
	当連結会計年度	141	238	—	380
うち特定取引売付債券	前連結会計年度	—	—	—	—
	当連結会計年度	—	—	—	—
うち特定取引有価証券派生商品	前連結会計年度	6,761	0	—	6,761
	当連結会計年度	11,464	0	—	11,464
うち特定金融派生商品	前連結会計年度	1,660,037	1,142,757	△56,334	2,746,461
	当連結会計年度	1,376,605	1,557,316	△87,319	2,846,603
うちその他の特定取引負債	前連結会計年度	—	—	—	—
	当連結会計年度	—	—	—	—

（注）1 「国内」とは，当行（海外店を除く）及び国内連結子会社であります。「海外」とは，当行の海外店及び海外連結子会社であります。

2 「相殺消去額」とは，連結会社間の内部取引等に係る消去額合計であります。

⑤　国内・海外別預金残高の状況

○　預金の種類別残高（末残）

種類	期別	国内	海外	相殺消去額	合計
		金額（百万円）	金額（百万円）	金額（百万円）	金額（百万円）
預金合計	前連結会計年度	158,977,184	47,170,422	△1,580,415	204,567,192
	当連結会計年度	163,622,603	41,153,465	△2,457,365	202,318,702
うち流動性預金	前連結会計年度	126,039,807	29,884,755	△611,616	155,312,946
	当連結会計年度	130,337,411	21,436,415	△1,396,495	150,377,331
うち定期性預金	前連結会計年度	24,567,241	17,227,495	△958,932	40,835,804
	当連結会計年度	24,305,876	19,581,085	△1,030,386	42,856,575
うちその他	前連結会計年度	8,370,135	58,172	△9,866	8,418,441
	当連結会計年度	8,979,315	135,964	△30,484	9,084,795
譲渡性預金	前連結会計年度	1,143,269	6,809,517	—	7,952,786
	当連結会計年度	1,074,451	7,897,910	—	8,972,362
総合計	前連結会計年度	160,120,453	53,979,939	△1,580,415	212,519,978
	当連結会計年度	164,697,054	49,051,375	△2,457,365	211,291,064

（注）1　「国内」とは，当行（海外店を除く）及び国内連結子会社であります。「海外」とは，当行の海外店
　　　　　及び海外連結子会社であります。
　　　2　「相殺消去額」とは，連結会社間の内部取引等に係る消去額合計であります。
　　　3　流動性預金＝当座預金＋普通預金＋貯蓄預金＋通知預金
　　　4　定期性預金＝定期預金＋定期積金

⑥ 国内・海外別貸出金残高の状況

（i） 業種別貸出状況（末残・構成比）

業種別	前連結会計年度		当連結会計年度	
	金額（百万円）	構成比（％）	金額（百万円）	構成比（％）
国内（除く特別国際金融取引勘定分）	64,708,207	100.00	65,870,358	100.00
製造業	11,417,056	17.64	11,668,007	17.71
建設業	727,522	1.12	832,820	1.26
卸売業、小売業	6,804,770	10.52	6,498,286	9.87
金融業、保険業	7,794,611	12.05	7,690,339	11.68
不動産業、物品賃貸業	11,481,042	17.74	12,635,210	19.18
各種サービス業	2,945,071	4.55	2,687,513	4.08
その他	23,538,132	36.38	23,858,181	36.22
海外及び特別国際金融取引勘定分	42,642,413	100.00	40,603,805	100.00
政府等	611,510	1.43	368,309	0.91
金融機関	10,796,989	25.32	12,279,579	30.24
その他	31,233,913	73.25	27,955,916	68.85
合計	107,350,620	—	106,474,163	—

(注) 「国内」とは，当行(海外店を除く)及び国内連結子会社であります。「海外」とは，当行の海外店及び海外連結子会社であります。

(ⅱ) 特定海外債権等残高

期別	国別		金額(百万円)
前連結会計年度	ロシア		116,681
	ラオス		13,538
	エチオピア		6,543
	ミャンマー		4,422
	モンゴル		263
	アンゴラ		103
		合計	141,552
	(資産の総額に対する割合)		(0.04%)
当連結会計年度	ロシア		99,747
	エジプト		13,166
	ラオス		10,751
	エチオピア		6,427
	ミャンマー		3,639
		合計	133,732
	(資産の総額に対する割合)		(0.04%)

（注）　特定海外債権等は，当行の特定海外債権引当勘定の引当対象とされる債権，並びに当該引当勘定の
　　　　引当対象国に対する海外子会社の債権のうち，当該引当勘定の引当対象に準ずる債権であります。

⑦　国内・海外別有価証券の状況

○　有価証券残高（末残）

種類	期別	国内	海外	相殺消去額	合計
		金額(百万円)	金額(百万円)	金額(百万円)	金額(百万円)
国債	前連結会計年度	30,886,392	853,701	—	31,740,093
	当連結会計年度	34,326,735	1,418,349	—	35,745,084
地方債	前連結会計年度	4,123,027	—	—	4,123,027
	当連結会計年度	3,708,494	—	—	3,708,494
社債	前連結会計年度	3,679,736	—	—	3,679,736
	当連結会計年度	3,624,585	—	—	3,624,585
株式	前連結会計年度	4,162,563	—	△31,555	4,131,008
	当連結会計年度	3,890,131	1,439	△53,246	3,838,324
その他の証券	前連結会計年度	14,826,067	8,608,008	△3,129,351	20,304,724
	当連結会計年度	22,085,900	6,338,668	△3,101,554	25,323,014
合計	前連結会計年度	57,677,787	9,461,709	△3,160,907	63,978,590
	当連結会計年度	67,635,845	7,758,457	△3,154,800	72,239,502

（注）1　「国内」とは，当行（海外店を除く）及び国内連結子会社であります。「海外」とは，当行の海外店
　　　　及び海外連結子会社であります。
　　　2　「相殺消去額」とは，連結会社間の内部取引等に係る消去額合計であります。
　　　3　「その他の証券」には，外国債券及び外国株式を含んでおります。

（自己資本比率等の状況）

（参考）

　自己資本比率は，銀行法第14条の2の規定に基づき，銀行がその保有する資産等に照らし自己資本の充実の状況が適当であるかどうかを判断するための基準（平成18年金融庁告示第19号）に定められた算式に基づき，連結ベースと単体ベースの双方について算出しております。

　なお，当行は，国際統一基準を適用のうえ，信用リスク・アセットの算出においては先進的内部格付手法，オペレーショナル・リスク相当額の算出においては先進的計測手法を採用するとともに，マーケット・リスク規制を導入しております。

また，自己資本比率の補完的指標であるレバレッジ比率は，銀行法第14条の2の規定に基づき，銀行がその保有する資産等に照らし自己資本の充実の状況が適当であるかどうかを判断するための基準の補完的指標として定めるレバレッジに係る健全性を判断するための基準（平成31年金融庁告示第11号）に定められた算式に基づき，連結ベースと単体ベースの双方について算出しております。

連結自己資本比率 (国際統一基準)　(単位：億円，%)

	2023年3月31日
1.　連結総自己資本比率 (4／7)	12.58
2.　連結Tier1比率 (5／7)	11.04
3.　連結普通株式等Tier1比率 (6／7)	9.89
4.　連結における総自己資本の額	142,078
5.　連結におけるTier1資本の額	124,692
6.　連結における普通株式等Tier1資本の額	111,721
7.　リスク・アセットの額	1,128,704
8.　連結総所要自己資本額	90,296

連結レバレッジ比率 (国際統一基準)　(単位：%)

	2023年3月31日
連結レバレッジ比率	4.75

単体自己資本比率 (国際統一基準)　(単位：億円，%)

	2023年3月31日
1.　単体総自己資本比率 (4／7)	10.71
2.　単体Tier1比率 (5／7)	9.30
3.　単体普通株式等Tier1比率 (6／7)	8.11
4.　単体における総自己資本の額	111,153
5.　単体におけるTier1資本の額	96,441
6.　単体における普通株式等Tier1資本の額	84,102
7.　リスク・アセットの額	1,036,877
8.　単体総所要自己資本額	82,950

単体レバレッジ比率 (国際統一基準)　(単位：%)

	2023年3月31日
単体レバレッジ比率	4.02

（資産の査定）

（参考）

　資産の査定は，「金融機能の再生のための緊急措置に関する法律」（平成10年法律第132号）第6条に基づき，当行の貸借対照表の社債（当該社債を有する金融機関がその元本の償還及び利息の支払の全部又は一部について保証しているものであって，当該社債の発行が金融商品取引法（昭和23年法律第25号）第2条第3項に規定する有価証券の私募によるものに限る。），貸出金，外国為替，その他資産中の未収利息及び仮払金，支払承諾見返の各勘定に計上されるもの並びに貸借対照表に注記することとされている有価証券の貸付けを行っている場合のその有価証券（使用貸借又は賃貸借契約によるものに限る。）について債務者の財政状態及び経営成績等を基礎として次のとおり区分するものであります。

1. 破産更生債権及びこれらに準ずる債権

　破産更生債権及びこれらに準ずる債権とは，破産手続開始，更生手続開始，再生手続開始の申立て等の事由により経営破綻に陥っている債務者に対する債権及びこれらに準ずる債権をいう。

2. 危険債権

　危険債権とは，債務者が経営破綻の状態には至っていないが，財政状態及び経営成績が悪化し，契約に従った債権の元本の回収及び利息の受取りができない可能性の高い債権をいう。

3. 要管理債権

　要管理債権とは，三月以上延滞債権及び貸出条件緩和債権をいう。

4. 正常債権

　正常債権とは，債務者の財政状態及び経営成績に特に問題がないものとして，上記1から3までに掲げる債権以外のものに区分される債権をいう。

(point) **財政状態，経営成績及びキャッシュ・フローの状況の分析**

　「事業等の概要」の内容などをこの項目で詳しく説明している場合があるため，この項目も非常に重要。自社が事業を行っている市場は今後も成長するのか，それは世界のどの地域なのか，今社会の流れはどうなっていて，それに対して売上を伸ばすために何をしているのか，収益を左右する費用はなにか，などとても有益な情報が多い。

資産の査定の額

債権の区分	2022年3月31日	2023年3月31日
	金額（億円）	金額（億円）
破産更生債権及びこれらに準ずる債権	1,057	743
危険債権	6,012	5,446
要管理債権	2,821	4,641
正常債権	994,727	1,071,031

（生産，受注及び販売の実績）

「生産，受注及び販売の実績」は，銀行業における業務の特殊性のため，該当する情報がないので記載しておりません。

(2) 経営者の視点による経営成績等の状況に関する分析・検討内容 …………

　当連結会計年度の財政状態，経営成績及びキャッシュ・フローの状況の分析は，以下のとおりであります。

　なお，本項に記載した将来に関する事項は，当連結会計年度末現在において当行グループ（当行及び連結子会社）が判断したものであり，リスクと不確実性を内包しているため，将来生じる実際の結果と大きく異なる可能性がありますので，ご留意ください。

　当連結会計年度の連結業務純益（一般貸倒引当金繰入前）は，金利上昇局面で外国債券の売却損を計上したことによる国債等債券関係損益の減少や，円安による為替影響に伴う営業経費の増加もありましたが，貸出利ざやの改善，外貨預貸金収益の増加等もあり，前連結会計年度比4,156億円増益の12,361億円となりました。

　与信関係費用総額は，MUFG Union Bank, N. A.（以下，「MUB」という。）の株式譲渡決定に伴う，売却対象の貸出金に係る公正価値評価による損失計上を主因に，前連結会計年度比3,329億円増加しました。また同じくMUBの株式譲渡決定に伴う，売却対象の有価証券に係る公正価値評価による損失計上もあり，経常利益は前連結会計年度比5,378億円の減益となりましたが，特別損益はMUB

株式売却利益の計上を主因に，前連結会計年度比6,666億円増加しました。結果，親会社株主に帰属する当期純利益は同990億円増加して6,020億円となりました。

　なお，MUB株式の譲渡契約の締結に伴い，米国財務会計基準審議会会計基準コーディフィケーション（ASC）326「金融商品－信用損失」，ASC310「債権」等に従い発生した総額9,525億円の損失のうち，主なものとして売却対象の有価証券に係る公正価値評価による損失5,554億円を臨時損益に，売却対象の貸出金に係る公正価値評価による損失4,005億円を貸出金償却に含めております。

　当行の親会社である三菱UFJフィナンシャル・グループは，総合金融グループの強みを発揮するため，グループ各社が緊密な連携のもと，一元的に戦略を定め事業を推進する事業本部制を導入しています。各事業本部は，お客さまの幅広いニーズにお応えするため，グループ各社それぞれの強みを融合させた戦略の立案や施策の運営を行っています。

　当連結会計年度における事業本部別の事業の取組みは次のとおりです。

（デジタルサービス事業本部）

　コロナ禍からの回復も相まって，コンシューマーファイナンス等が堅調に実績を積み上げました。また，店舗統廃合や内部事務のデジタル化などに伴う経費削減も進め，結果，営業純益は増益となりました。引き続きオンラインを含むチャネル全体でお客さま接点を拡充します。また，外部事業者連携を通じた新サービス創出にも取り組んでいます。

（法人・リテール事業本部）

　米国金利上昇等の環境変化に対するニーズを捉え，預貸金・外国為替・デリバティブ業務を中心に増収となりました。また，店舗統廃合により人件費・物件費を抑制し，営業純益は増益となりました。引き続き，銀行・信託・証券一体でお客さまの課題にアプローチし，付加価値の高いサービス・ソリューションを提供します。

（コーポレートバンキング事業本部）

　リスクに対する適正なリターンの追求，米国金利上昇等の環境変化への機動的な対応により，預貸金収益を中心に拡大しました。営業純益は増益となり，

2022年度の「階段経営」を実現しました。また，複雑化・多様化する環境・社会課題やお客さま経営課題の解決に向けて，お客さまとのエンゲージメント（対話）を深め，事業リスクを共にする取り組みも強化しています。

（グローバルコマーシャルバンキング事業本部）

Bank of Ayudhya Public Company Limited（以下，「クルンシィ（アユタヤ銀行）」という。）の貸出残高増加，PT Bank Danamon Indonesia, Tbk.（以下，「ダナモン銀行」という。）の調達コスト抑制等により，営業純益は増益となりました。またデジタル関連投資ではHome Credit社のフィリピン・インドネシア子会社の買収，主にインドネシアでデジタル金融サービスを提供するフィンテック事業者Akulaku社への出資，新興企業への投資を目的としたインドネシア特化型のGarudaファンドの設立を決定しました。お客さまが"アジアで進むチカラ"になるべく，パートナーバンクとの協働強化に加え，更なるアジアの成長の取り込みに向けてデジタル関連投資を進めます。

（受託財産事業本部）

資産運用事業は，三菱UFJ国際投信のETFを除いた公募株式投信残高が業界首位になりました。資産管理事業は，国内外で高付加価値サービスの複合提供が順調に進捗しました。年金事業は，確定拠出年金加入者向けアプリ「D-Canvas」の利用者が30万人を超え，確定拠出年金加入者の裾野が拡大しました。一方，営業純益は前年度に計上した成功報酬の減少や市況低迷でわずかに減益となりました。高度な専門性を発揮し更なる成長をめざします。

（グローバルCIB事業本部）

キャピタルマーケットの市況低迷により証券プライマリービジネスは減収も，プロジェクトファイナンス等のローン関連手数料や預貸金収益の増収により，営業純益は増益となりました。グローバルCIB・市場セールス＆トレーディング領域一体で，金融市場における総合的な取引の獲得を進めると共に，スタートアップ向け融資事業の拡大や関連する新規事業への展開も続けています。

（市場事業本部）

相場のボラティリティが大幅に上昇する中，お客さまの課題・ニーズを捉える活動量の引き上げと機動的なポジション運営によってセールス＆トレーディング

業務が大幅増益となりました。トレジャリー業務は特に米国金利が大幅に上昇する難しい環境下，ヘッジ操作により外国債券ポートフォリオの評価損失を抑制したほか，新機軸投資にも挑戦し続けています。

　当連結会計年度の財政状態，経営成績及びキャッシュ・フローの状況の分析は，以下のとおりであります。
　当連結会計年度の連結業務純益（一般貸倒引当金繰入前）は，連結業務粗利益が前連結会計年度比5,437億円増加，営業経費は前連結会計年度比1,281億円増加し，前連結会計年度比4,156億円増加して12,361億円となりました。また，親会社株主に帰属する当期純利益は，前連結会計年度比990億円増加して6,020億円となりました。

当連結会計年度における主な項目は，以下のとおりであります。

		前連結会計年度 (億円) (A)	当連結会計年度 (億円) (B)	前連結会計年度比 (億円) (B−A)
資金運用収益	①	22,338	42,953	20,614
資金調達費用(金銭の信託運用見合費用控除後)	②	4,843	19,070	14,226
信託報酬	③	119	122	2
うち信託勘定償却	④	—	—	—
役務取引等収益	⑤	9,162	10,718	1,555
役務取引等費用	⑥	1,765	1,773	8
特定取引収益	⑦	800	2,051	1,250
特定取引費用	⑧	4	746	741
その他業務収益	⑨	3,365	4,928	1,563
その他業務費用	⑩	2,207	6,780	4,573
連結業務粗利益 (=①−②+③+⑤−⑥+⑦−⑧+⑨−⑩)	⑪	26,966	32,403	5,437
営業経費(臨時費用控除後)	⑫	18,761	20,042	1,281
連結業務純益 (一般貸倒引当金繰入前＝⑪+④−⑫)		8,204	12,361	4,156
その他経常費用(一般貸倒引当金繰入額)	⑬	△641	346	987
連結業務純益(=⑪−⑫−⑬)		8,846	12,014	3,168
その他経常収益	⑭	4,721	5,513	792
うち貸倒引当金戻入益		—	—	—
うち償却債権取立益		642	717	74
うち株式等売却益		3,154	2,591	△563
資金調達費用(金銭の信託運用見合費用)	⑮	0	0	△0
営業経費(臨時費用)	⑯	△23	684	708
その他経常費用(一般貸倒引当金繰入額控除後)	⑰	5,342	13,974	8,631
うち与信関係費用		3,935	6,467	2,531
うち株式等売却損		285	275	△10
うち株式等償却		98	129	31
臨時損益(=⑭−⑮−⑯−⑰)		△597	△9,144	△8,547
経常利益		8,248	2,869	△5,378
特別損益		△825	5,841	6,666
うち減損損失		△1,626	△69	1,557
税金等調整前当期純利益		7,422	8,710	1,287
法人税等合計		2,042	2,530	487
当期純利益		5,379	6,180	800
非支配株主に帰属する当期純利益		349	160	△189
親会社株主に帰属する当期純利益		5,030	6,020	990

① 経営成績の分析

（ⅰ）主な収支

連結業務粗利益は，前連結会計年度比5,437億円増加して32,403億円となりました。資金運用収支は，外貨金利上昇による資金運用収益の増加や，外国債券の売却損に対して売却した外国債券ベアファンド等の解約益の計上により，前連結会計年度比6,388億円増加して23,883億円となりました。

役務取引等収支は，国内外の融資関連手数料の増加により，前連結会計年度比1,547億円増加して8,944億円となりました。

特定取引収支は，前連結会計年度比509億円増加して1,305億円，その他業務収支は，外国債券売却損の計上を主因に，前連結会計年度比3,010億円減少して△1,852億円となりました。

営業経費（臨時費用控除後）は，国内は減少した一方，海外は増加し，前連結会計年度比1,281億円増加して20,042億円となりました。この結果，連結業務純益（一般貸倒引当金繰入前・信託勘定償却前）は，前連結会計年度比4,156億円増加して12,361億円となりました。

		前連結会計年度 （億円） (A)	当連結会計年度 （億円） (B)	前連結会計年度比 （億円） (B−A)
資金運用収支		17,494	23,883	6,388
資金運用収益	①	22,338	42,953	20,614
資金調達費用 　（金銭の信託運用見合費用控除後）	②	4,843	19,070	14,226
信託報酬	③	119	122	2
うち信託勘定償却	④	—	—	—
役務取引等収支		7,396	8,944	1,547
役務取引等収益	⑤	9,162	10,718	1,555
役務取引等費用	⑥	1,765	1,773	8
特定取引収支		795	1,305	509
特定取引収益	⑦	800	2,051	1,250
特定取引費用	⑧	4	746	741
その他業務収支		1,158	△1,852	△3,010
その他業務収益	⑨	3,365	4,928	1,563
その他業務費用	⑩	2,207	6,780	4,573
連結業務粗利益 （＝①−②+③+⑤−⑥+⑦−⑧+⑨−⑩）	⑪	26,966	32,403	5,437
営業経費(臨時費用控除後)	⑫	18,761	20,042	1,281
連結業務純益 （一般貸倒引当金繰入前・信託勘定償却前） （＝⑪+④−⑫）		8,204	12,361	4,156

（ⅱ）与信関係費用総額

　与信関係費用総額は，MUB株式譲渡に伴い発生したMUB保有貸出金の評価損計上等による貸出金償却の増加を主因に，前連結会計年度比3,329億円増加して5,981億円となりました。

		前連結会計年度 （億円） （A）	当連結会計年度 （億円） （B）	前連結会計年度比 （億円） （B－A）
信託報酬のうち信託勘定償却	①	―	―	―
その他経常収益のうち貸倒引当金戻入益	②	―	―	―
その他経常収益のうち偶発損失引当金戻入益	③	―	115	115
その他経常収益のうち償却債権取立益	④	642	717	74
その他経常費用のうち一般貸倒引当金繰入	⑤	△641	346	987
その他経常費用のうち与信関係費用	⑥	3,935	6,467	2,531
貸出金償却		820	4,651	3,830
個別貸倒引当金繰入額		2,447	1,806	△641
その他の与信関係費用		667	10	△657
与信関係費用総額 （＝①－②－③－④＋⑤＋⑥）		2,651	5,981	3,329
連結業務純益 （一般貸倒引当金繰入前・信託勘定償却前）		8,204	12,361	4,156
連結業務純益（与信関係費用総額控除後）		5,552	6,379	826

（ⅲ）株式等関係損益

　株式等関係損益は，前連結会計年度比584億円減少して2,186億円となりました。

　株式等売却益は前連結会計年度比563億円減少して2,591億円，株式等売却損は前連結会計年度比10億円減少して275億円，株式等償却は前連結会計年度比31億円増加して129億円となりました。

	前連結会計年度 （億円） （A）	当連結会計年度 （億円） （B）	前連結会計年度比 （億円） （B－A）
株式等関係損益	2,770	2,186	△584
その他経常収益のうち株式等売却益	3,154	2,591	△563
その他経常費用のうち株式等売却損	285	275	△10
その他経常費用のうち株式等償却	98	129	31

② 　財政状態の分析

（ⅰ）貸出金

　貸出金は，海外での市場金利上昇を受けた調達需要により海外支店や海外子会社で増加するも，MUB株式譲渡により海外貸出残高が減少し，前連結会計年度

末比8,764億円減少の1,064,741億円となりました。

	前連結会計年度末 (億円) (A)	当連結会計年度末 (億円) (B)	前連結会計年度末比 (億円) (B－A)
貸出金残高（末残）	1,073,506	1,064,741	△8,764
うち住宅ローン［単体］	142,718	139,176	△3,541
うち海外支店［単体］	245,181	304,637	59,455
うち海外子会社 〔クルンシィ（アユタヤ銀行）〕	49,159	56,778	7,618
うち海外子会社 〔ＭＵＦＧバンク（ヨーロッパ）〕	10,930	11,803	872
うち海外子会社〔ダナモン銀行〕	9,187	10,818	1,631

(注) MUB株式譲渡により，貸出金におけるMUFG Americas Holdings Corporation（以下，「MUAH」という。）の重要性が無くなったため，当連結会計年度より「海外子会社〔MUAH〕」を計表上から除いております。なお，MUAHの前連結会計年度末の貸出金残高（末残）は91,026億円です。

（イ）銀行法及び再生法に基づく債権の状況

当行グループの銀行法及び再生法に基づく債権は，前連結会計年度末比818億円増加して13,781億円となりました。

不良債権の比率は，前連結会計年度末比0.07ポイント増加して1.15％となりました。

債権区分別では，破綻更生債権及びこれらに準ずる債権が前連結会計年度末比542億円減少，危険債権が前連結会計年度末比594億円減少，要管理債権が1,955億円増加，そのうち，三月以上延滞債権額が前連結会計年度末比105億円増加，貸出条件緩和債権額が前連結会計年度末比1,849億円増加しております。

部分直接償却後

[連結]

	前連結会計年度末 (億円) (A)	当連結会計年度末 (億円) (B)	前連結会計年度末比 (億円) (B－A)
破産更生債権及びこれらに準ずる債権	2,450	1,908	△542
危険債権	6,921	6,327	△594
要管理債権	3,590	5,545	1,955
三月以上延滞債権額	64	170	105
貸出条件緩和債権額	3,525	5,375	1,849
小計	12,962	13,781	818
正常債権	1,178,511	1,175,059	△3,452
債権合計	1,191,474	1,188,840	△2,633

	前連結会計年度末 (A)	当連結会計年度末 (B)	前連結会計年度末比 (B－A)
不良債権比率	1.08%	1.15%	0.07%

（ロ）銀行法及び再生法に基づく債権のセグメント情報（正常債権を除く）

地域別セグメント情報

[連結]

	前連結会計年度末 (億円) (A)	当連結会計年度末 (億円) (B)	前連結会計年度末比 (億円) (B－A)
国内	6,945	7,551	606
海外	6,017	6,229	212
アジア	2,995	3,656	661
インドネシア	406	404	△1
シンガポール	396	250	△146
タイ	1,608	2,272	663
中国	0	0	△0
その他	582	728	145
米州	1,781	1,021	△760
欧州、中近東他	1,240	1,552	311
合計	12,962	13,781	818

（注）「国内」「海外」は債務者の所在地により区分しております。

業種別セグメント情報

[連結]

	前連結会計年度末 (億円) (A)	当連結会計年度末 (億円) (B)	前連結会計年度末比 (億円) (B−A)
国内	6,945	7,551	606
製造業	2,583	3,554	970
建設業	79	84	5
卸売業、小売業	1,284	907	△377
金融業、保険業	75	81	5
不動産業、物品賃貸業	437	360	△76
各種サービス業	1,347	992	△354
その他	182	775	593
消費者	954	793	△160
海外	6,017	6,229	212
金融機関	103	26	△77
商工業	4,799	5,023	223
その他	1,113	1,180	67
合計	12,962	13,781	818

(注)「国内」「海外」は債務者の所在地により区分しております。

(ⅱ) 有価証券

　有価証券は，前連結会計年度末比82,609億円増加して722,395億円となりました。地方債が4,145億円，社債が551億円，株式が2,926億円減少しましたが，国債が40,049億円，その他の証券が50,182億円増加しました。

	前連結会計年度末 (億円) (A)	当連結会計年度末 (億円) (B)	前連結会計年度末比 (億円) (B−A)
有価証券	639,785	722,395	82,609
国債	317,400	357,450	40,049
地方債	41,230	37,084	△4,145
社債	36,797	36,245	△551
株式	41,310	38,383	△2,926
その他の証券	203,047	253,230	50,182

(注)「その他の証券」は，外国債券及び外国株式を含んでおります。

（ⅲ）繰延税金資産

　繰延税金資産の純額は，前連結会計年度末比3,964億円増加して3,206億円となりました。

	前連結会計年度末 （億円） (A)	当連結会計年度末 （億円） (B)	前連結会計年度末比 （億円） (B－A)
繰延税金資産の純額	△757	3,206	3,964

(注) 連結財務諸表上の繰延税金資産から繰延税金負債を差し引いたものです。

発生原因別内訳（単体）

	前連結会計年度末 （億円） (A)	当連結会計年度末 （億円） (B)	前連結会計年度末比 （億円） (B－A)
繰延税金資産	6,911	10,565	3,653
貸倒引当金	2,518	2,465	△53
有価証券有税償却	3,805	3,660	△144
その他有価証券評価差額金	241	1,574	1,332
退職給付引当金	864	819	△45
偶発損失引当金	268	218	△49
減価償却費及び減損損失	795	835	39
土地合併減価調整	230	215	△15
繰延ヘッジ損益	585	2,140	1,554
その他	1,655	2,583	928
評価性引当額(△)	4,053	3,947	△106
繰延税金負債	6,539	6,579	39
その他有価証券評価差額金	4,881	4,448	△432
合併時有価証券時価引継	493	471	△21
退職給付信託設定益	452	451	△0
その他	712	1,207	494
繰延税金資産の純額	372	3,986	3,613

（ⅳ）預金

　預金は，MUB株式譲渡を主因に海外子会社で減少し，前連結会計年度末比22,484億円減少して2,023,187億円となりました。

　海外子会社を除いては，国内個人預金［単体］が26,653億円増加，国内法人預金その他［単体］が19,276億円増加，海外支店［単体］が42,699億円増加しました。

	前連結会計年度末 (億円) (A)	当連結会計年度末 (億円) (B)	前連結会計年度末比 (億円) (B−A)
預金	2,045,671	2,023,187	△22,484
うち国内個人預金［単体］	820,531	847,185	26,653
うち国内法人預金その他［単体］	768,812	788,088	19,276
うち海外支店［単体］	243,796	286,496	42,699

(注) 「国内個人預金[単体]」及び「国内法人預金その他[単体]」は，特別国際金融取引勘定分を除いております。

（ⅴ）純資産の部

純資産の部合計は，前連結会計年度末比156億円増加して122,585億円となりました。

その他有価証券評価差額金は，前連結会計年度末比4,865億円減少して7,436億円となりました。また，非支配株主持分は，前連結会計年度末比467億円増加して5,029億円となりました。

	前連結会計年度末 (億円) (A)	当連結会計年度末 (億円) (B)	前連結会計年度末比 (億円) (B−A)
純資産の部合計	122,429	122,585	156
うち資本金	17,119	17,119	―
うち資本剰余金	36,692	36,622	△70
うち利益剰余金	51,272	54,036	2,763
うち自己株式	△6,457	△6,457	―
うちその他有価証券評価差額金	12,301	7,436	△4,865
うち非支配株主持分	4,561	5,029	467

③ 連結自己資本比率（国際統一基準）

総自己資本の額は，前連結会計年度末比1,309億円増加して142,078億円となりました。

リスク・アセットの額は，前連結会計年度末比41,176億円増加して1,128,704億円となりました。

この結果，総自己資本比率は，前連結会計年度末比0.35ポイント減少して12.58％，Tier1比率は，前連結会計年度末比0.07ポイント減少して11.04％，普通株式等Tier1比率は，前連結会計年度末比0.03ポイント増加して9.89％となりました。

(point) **設備投資等の概要**

セグメントごとの設備投資額を公開している。多くの企業にとって設備投資は競争力向上・維持のために必要不可欠だ。企業は売上の数％など一定の水準を設定して毎年設備への投資を行う。半導体などのテクノロジー関連企業は装置産業であり，技術発展のスピードが速いため，常に多額の設備投資を行う宿命にある。

		前連結会計年度末 (億円) (A)	当連結会計年度末 (億円) (B)	前連結会計年度末比 (億円) (B−A)
総自己資本の額	①	140,768	142,078	1,309
Tier1資本の額	②	120,921	124,692	3,770
普通株式等Tier1資本の額	③	107,285	111,721	4,435
リスク・アセットの額	④	1,087,528	1,128,704	41,176
総自己資本比率	①／④	12.94%	12.58%	△0.35%
Tier1比率	②／④	11.11%	11.04%	△0.07%
普通株式等Tier1比率	③／④	9.86%	9.89%	0.03%

(注)　総自己資本比率は，銀行法第14条の2の規定に基づく平成18年金融庁告示第19号に定められた算式
　　　に基づいて，国際統一基準を適用のうえ算出しております。

④　キャッシュ・フローの状況

　「第2 事業の状況 4 経営者による財政状態，経営成績及びキャッシュ・フロー
の状況の分析 (1) 経営成績等の状況の概要 (キャッシュ・フローの状況)」に記載
しております。

⑤　事業部門別収益

　当連結会計年度の内部管理上の区分けを基準とした事業部門別収益状況は，次
のとおりです。

　[各事業部門の主な担当業務]

　デジタルサービス部門　　　　　　　　：非対面取引中心の個人，法人に対す
　　　　　　　　　　　　　　　　　　　　る金融サービスの提供，全社的なデジ
　　　　　　　　　　　　　　　　　　　　タルトランスフォーメーションの推進

　法人・リテール部門　　　　　　　　　：国内の個人，法人に対する金融サー
　　　　　　　　　　　　　　　　　　　　ビスの提供

　コーポレートバンキング部門　　　　　：国内外の日系大企業に対する金融
　　　　　　　　　　　　　　　　　　　　サービスの提供

　グローバルコマーシャルバンキング部門：海外の出資先商業銀行における個
　　　　　　　　　　　　　　　　　　　　人，中堅・中小企業に対する金融サー
　　　　　　　　　　　　　　　　　　　　ビスの提供

　グローバルCIB部門　　　　　　　　　：非日系大企業に対する金融サービス
　　　　　　　　　　　　　　　　　　　　の提供

　市場部門　：顧客に対する為替・資金・証券サービスの提供，市場取引及び流

---

point **主要な設備の状況**

　「設備投資等の概要」では各セグメントの1年間の設備投資金額のみの掲載だが，ここ
　ではより詳細に，現在セグメント別，または各子会社が保有している土地，建物，機
　械装置の金額が合計でどれくらいなのか知ることができる。

動性・資金繰り管理業務

その他部門：上記部門に属さない管理業務等

（億円）	デジタルサービス部門	法人・リテール部門	コーポレートバンキング部門	グローバルコマーシャルバンキング部門	グローバルCIB部門	顧客部門小計	市場部門	その他部門（注2）	合計
業務粗利益	2,791	3,881	6,726	8,705	6,913	29,017	2,096	124	31,238
単体	2,513	3,597	5,771	350	5,319	17,552	1,092	△253	18,391
金利収支	2,153	1,874	3,534	357	2,602	10,523	3,996	269	14,789
非金利収支	359	1,722	2,237	△6	2,716	7,029	△2,903	△522	3,602
子会社	277	283	954	8,355	1,594	11,464	1,004	377	12,846
経費	2,285	2,846	2,609	5,803	3,150	16,693	1,202	1,161	19,057
営業純益(注1)	506	1,034	4,117	2,902	3,763	12,324	893	△1,036	12,181

(注) 1　連結業務純益の内部取引消去等連結調整前の計数(子会社からの配当収入のみ消去)です。行内管理のために算出した損益であり，行内管理のために算出した損益であり，財務会計上の損益とは一致しません。

　　2　その他部門の業務粗利益では，子会社からの配当収入，及び株式会社三菱UFJフィナンシャル・グループ宛貸出収益を控除しております。

（ⅰ）デジタルサービス部門

　コンシューマーファイナンス・外為収益は回復するも，国内決済収益や住宅ローン資金収益の減少により，粗利益は前年を下回りました。

（ⅱ）法人・リテール部門

　米国金利上昇に伴う外貨資金収益の増加や相場変動を捉えた外為・デリバティブ収益の増加により，粗利益は前年を上回りました。

（ⅲ）コーポレートバンキング部門

　米国金利上昇や利ざや改善による国内外預貸金収益の増加や相場変動を捉えた外為収益の増加により，粗利益は前年を上回りました。

（ⅳ）グローバルコマーシャルバンキング部門

　米国金利上昇に伴う金利収益の増加やタイでの好調な貸出，利ざやの改善等により，粗利益は前年を上回りました。

（ⅴ）グローバルCIB部門

　米国金利上昇や利ざやの改善による預貸金収益増加や手数料収益増加等によ

り，粗利益は前年を上回りました。

（vi）市場部門

　顧客ビジネスは相場変動を捉えたフロー取引増加で増収も，トレジャリーにおけるポートフォリオ組換えによる債券売却損計上により，粗利益は前年を下回りました。

（3）　重要な会計上の見積り及び当該見積りに用いた仮定 ·························

　当行が連結財務諸表の作成に当たって用いた会計上の見積り及び当該見積りに用いた仮定のうち，重要なものについては，「第5 経理の状況 1 連結財務諸表等（1）連結財務諸表注記事項（重要な会計上の見積り）」に記載しております。

■ 設備の状況

1　設備投資等の概要

　当行は，お客さまへのサービス向上と商品拡充及び内部事務の合理化・効率化を図ることを目的としたシステム投資のほか，本部ビル・センターの改修，店舗の移転・建替・改修のための投資等を実施いたしました。

　このような施策を行ったことから，当連結会計年度の設備投資総額は，ソフトウェア等の無形固定資産への投資を含め214,767百万円となりました。

　また，当連結会計年度において，当行の連結子会社であるMUFG Americas Holdings Corporationは，同社の連結子会社であるMUFG Union Bank, N. A. をU. S. Bancorpへ売却したことに伴い，下記の主要な設備を売却しております。

会社名	店舗名その他	所在地	設備の内容	売却時期	前期末帳簿価額（百万円）
MUFG Americas Holdings Corporation	本店・子会社店舗ほか	北米地区	MUFG Union Bank, N. A. の店舗等	2022年12月	118,399

（注）　上記売却資産のうち，51,446百万円は株式会社三菱UFJ銀行への売却であります。

　　　なお，当行は固定資産をセグメントに配分しております。また，当行連結子会社は固定資産をセグメントに配分しておりません。

（point）**設備の新設，除却等の計画**

　ここでは今後，会社がどの程度の設備投資を計画しているか知ることができる。毎期どれくらいの設備投資を行っているか確認すると，技術等での競争力維持に積極的な姿勢かどうか，どのセグメントを重要視しているか分かる。また景気が悪化したときは設備投資額を減らす傾向にある。

2 主要な設備の状況

当連結会計年度末における主要な設備の状況は次のとおりであります。

（2023年3月31日現在）

会社名	店舗名その他	所在地	設備の内容	土地 面積(㎡)	土地 帳簿価額(百万円)	建物	その他の有形固定資産	合計	従業員数(人)
当 行	本店ほか301店	東京都	店舗	90,880 (9,994)	267,233	29,888	5,630	302,752	12,583
	横浜駅前支店ほか110店	関東地区（除、東京都）	店舗	35,773 (3,769)	17,729	3,212	2,033	22,974	1,425
	札幌支店ほか1店	北海道地区	店舗	—	—	—	15	15	85
	仙台支店ほか1店	東北地区	店舗	974	1,224	54	34	1,312	80
	名古屋営業部ほか105店	愛知県	店舗	86,909 (20,720)	33,091	20,894	2,215	56,200	2,573
	静岡支店ほか16店	中部地区（除、愛知県）	店舗	8,456 (3,324)	1,053	213	215	1,483	336
	大阪営業部ほか117店	大阪府	店舗	35,671 (1,914)	19,386	31,907	2,691	53,984	3,116
	京都支店ほか58店	近畿地区（除、大阪府）	店舗	28,564 (3,324)	9,897	2,101	1,153	13,151	1,011
	広島支店ほか7店	中国地区	店舗	2,135	386	152	127	667	173
	髙松支店ほか2店	四国地区	店舗	1,900	450	35	23	508	63
	福岡支店ほか7店	九州地区	店舗	4,263	1,537	937	178	2,653	211
	ニューヨーク支店ほか17店	北米地区	店舗	—	—	2,648	2,438	5,086	5,183
	サンチャゴ出張所ほか3店	中南米地区	店舗	—	—	—	—	—	28
	ロンドン支店ほか2店	欧州地区	店舗	—	—	367	2,083	2,451	1,557
	DIFC支店ドバイほか3店	中近東・アフリカ地区	店舗	—	—	41	197	239	105
	香港支店ほか30店	アジア・オセアニア地区	店舗	—	—	1,647	4,333	5,980	4,233
	駐在員事務所11ヵ所	北米地区ほか	駐在員事務所	—	—	2	5	8	24
	多摩ビジネスセンターほか	東京都多摩市ほか	センター	123,926 (85)	29,728	46,128	5,172	81,029	—
	社宅・寮・厚生施設(国内)	東京都世田谷区ほか	厚生施設	244,620	57,890	17,151	343	75,384	—
	社宅・寮(海外)	北米地区ほか	厚生施設	6,030 (2,400)	188	427	46	661	—
	その他の施設	東京都中央区ほか	その他	71,256 (13,623)	18,780	14,965	13,608	47,354	—
海外連結子会社	MUFG Americas Holdings Corporation 本社・子会社店舗ほか	北米地区	店舗等	81,934	2,198	15,031	26,357	43,587	1,032
	Bank of Ayudhya Public Company Limited 本社・子会社店舗ほか	アジア・オセアニア地区	店舗等	270,406 (7,471)	39,044	35,464	12,733	87,242	26,232
	PT Bank Danamon Indonesia, Tbk. 本社・子会社店舗ほか	アジア・オセアニア地区	店舗等	233,148	34,361	4,678	4,421	43,461	22,426

---

point 株式の総数等

発行可能株式総数とは，会社が発行することができる株式の総数のことを指す。役員会では，株主総会の了承を得ないで，必要に応じてその株数まで，株を発行することができる。敵対的TOBでは，経営陣が，自社をサポートしてくれる側に，新株を第三者割り当てで発行して，買収を防止することがある。

(注) 1　上記は，貸借対照表の有形固定資産の内訳に準じて記載しております。上記のほか，当行の有形固定資産に含まれる「リース資産」の帳簿価額は4,383百万円であります。

2　MUFG Americas Holdings Corporation，Bank of Ayudhya Public Company Limited（以下，クルンシィ（アユタヤ銀行））及びPT Bank Danamon Indonesia, Tbk.については，同社の子会社を含めた連結計数を記載しております。

3　土地の面積の（　）内は，借地の面積（うち書き）であります。当行の年間賃借料は建物も含め，51,528百万円であります。

4　当行の「その他の有形固定資産」は，事務機械13,490百万円（国内記帳資産のみ），その他29,054百万円であります。

5　当行の両替業務を主とした名古屋営業部中部国際空港第二出張所，名古屋営業部中部国際空港第三出張所，ローン業務を主としたダイレクトローン推進部・ネットデローン支店，貸金庫業務を行う三軒茶屋貸金庫取扱事務所，並びに店舗外現金自動設備1,333ヵ所に係る土地の面積及び帳簿価額，建物及びその他の有形固定資産の帳簿価額，並びに従業員数は，上記に含めて記載しております。

6　上記には，連結会社以外の者に貸与している土地，建物が含まれており，その内訳は次のとおりであります。

会社名			所在地	土地		建物
				面積(㎡)	帳簿価額(百万円)	
当　行		店舗	東京都	7,197	15,536	877
		店舗	関東地区（除、東京都）	2,615	1,124	39
		店舗	東北地区	147	185	14
		店舗	愛知県	9,468	2,835	1,419
		店舗	中部地区（除、愛知県）	1,429	174	—
		店舗	大阪府	1,299	403	1,652
		店舗	近畿地区（除、大阪府）	2,790	726	1
		店舗	四国地区	310	55	—
		店舗	九州地区	30	9	—
		店舗	北米地区	—	—	138
		店舗	アジア・オセアニア地区	—	—	60
		センター	東京都多摩市ほか	—	—	1,535
		厚生施設	東京都世田谷区ほか	88	28	—
		その他	東京都中央区ほか	—	—	164
海外連結子会社	MUFG Americas Holdings Corporation		北米地区	—	—	1,812

7　上記のほか，当行はソフトウェア資産を282,943百万円，クルンシィ（アユタヤ銀行）はソフトウェア資産を12,585百万円所有しております。

8　内部管理上，当行は固定資産をセグメントに配分しております。また，当行連結子会社は固定資産をセグメントに配分しておりません。

3 設備の新設，除却等の計画

　設備投資につきましては，本部ビル・店舗の建替及び商品・サービスの拡充を目的とした投資のほか，内部事務の合理化・効率化に資する投資等を行ってまいります。

　また，資産売却につきましても，これまでと同様，有効活用すべきか処分すべきかを慎重に検討し，実施してまいります。

　当連結会計年度末において計画中である重要な設備の新設，除却等は次のとおりであります。

　なお，当行は固定資産をセグメントに配分しております。また，当行連結子会社は固定資産をセグメントに配分しておりません。

（1）　新設，改修等

会社名	店舗名その他	所在地	区分	設備の内容	投資予定金額（百万円） 総額	既支払額	資金調達方法	着手年月	完了予定年月
当行	—	—	更改	次世代ダイレクトに係るシステム開発	20,261	20,210	自己資金	2018年11月	2024年4月
	—	—	拡充	次世代WEBチャネル構築Ph2(基盤更改・機能向上)	17,456	996	自己資金	2022年4月	2026年1月
	—	—	更改	次世代コアバンキングシステムの香港導入	13,233	12,168	自己資金	2020年9月	2024年1月
	—	—	拡充	グローバル決済HUBの本邦導入	10,382	5,404	自己資金	2021年5月	2025年11月
	MUFG本館	東京都千代田区	建替	本部ビル建替（＊）	未定	1,602	未定	2021年4月	未定

（注）1　上記設備計画の記載金額には，消費税及び地方消費税を含んでおりません。
　　　2　投資予定金額に外貨が含まれる場合，円貨に換算しております。
（＊）完成後，土地・建物の一部を三菱ＵＦＪ信託銀行株式会社へ売却予定であります。

（2）　除却，売却等

　記載すべき重要な設備の除却，売却等の計画はありません。

1 株式等の状況

(1) 株式の総数等 ···

① 株式の総数

種類	発行可能株式総数（株）
普通株式	33,000,000,000
第二種優先株式	100,000,000
第四種優先株式	79,700,000
第六種優先株式	1,000,000
第七種優先株式	177,000,000
第1回第八種優先株式	400,000,000 （注）1
第2回第八種優先株式	400,000,000 （注）1
第3回第八種優先株式	400,000,000 （注）1
第4回第八種優先株式	400,000,000 （注）1
第1回第九種優先株式	200,000,000 （注）2
第2回第九種優先株式	200,000,000 （注）2
第3回第九種優先株式	200,000,000 （注）2
第4回第九種優先株式	200,000,000 （注）2
第1回第十種優先株式	200,000,000 （注）3
第2回第十種優先株式	200,000,000 （注）3
第3回第十種優先株式	200,000,000 （注）3
第4回第十種優先株式	200,000,000 （注）3
計	34,157,700,000

（注）1 第1回ないし第4回第八種優先株式の発行可能種類株式総数は併せて400,000,000株を超えないもの
とする。

2 第1回ないし第4回第九種優先株式の発行可能種類株式総数は併せて200,000,000株を超えないもの
とする。

3 第1回ないし第4回第十種優先株式の発行可能種類株式総数は併せて200,000,000株を超えないもの
とする。

② 発行済株式

種類	事業年度末現在発行数(株)(2023年3月31日)	提出日現在発行数(株)(2023年6月27日)	上場金融商品取引所名又は登録認可金融商品取引業協会名	内容
普通株式	12,350,038,122	同左	—	(注)1, 2, 3
第一回第二種優先株式	100,000,000	同左	—	(注)1, 2, 4
第一回第四種優先株式	79,700,000	同左	—	(注)1, 2, 4
第一回第六種優先株式	1,000,000	同左	—	(注)1, 2, 4
第一回第七種優先株式	177,000,000	同左	—	(注)1, 2, 4
計	12,707,738,122	同左	—	—

(注) 1 普通株式，各優先株式いずれも，単元株式数は1,000株であり，定款において会社法第322条第2項に関する定めをしておりません。

2 普通株式と各優先株式では，財務政策上の柔軟性を確保するために議決権などの内容が異なっております。

3 株主としての権利内容に制限のない，標準となる株式であります。

4 各優先株式の内容は次のとおりであります。

(1) 優先配当金

① 優先配当金

当行は，毎年3月31日の最終の株主名簿に記載又は記録された優先株式を有する株主(以下「優先株主」という。)又は優先株式の登録株式質権者(以下「優先登録株式質権者」という。)に対し，普通株式を有する株主(以下「普通株主」という。)又は普通株式の登録株式質権者(以下「普通登録株式質権者」という。)に先立ち，それぞれ次に定める額の金銭による剰余金の配当(以下かかる配当により支払われる金銭を「優先配当金」という。)を行う。ただし，当該事業年度において下記④に定める優先中間配当金を支払ったときは，その額を控除した額とする。

第二種優先株式	1株につき年60円
第四種優先株式	1株につき年18円60銭
第六種優先株式	1株につき年210円90銭
第七種優先株式	1株につき年115円

② 非累積条項

ある事業年度において，優先株主又は優先登録株式質権者に対して支払う金銭による剰余金の配当の額が優先配当金の額に達しないときは，その不足額は翌事業年度以降に累積しない。

③ 非参加条項

優先株主又は優先登録株式質権者に対しては，優先配当金を超えて剰余金の配当は行わない。ただし，当行が行う吸収分割手続の中で行われる会社法第758条第8号ロ若しくは同法第760条第7号ロに規定される剰余金の配当又は当行が行う新設分割手続の中で行われる同法第763条第1項第12号ロ若しくは同法第765条第1項第8号ロに規定される剰余金の配当についてはこの限りではない。

④ 優先中間配当金

当行は，中間配当を行うときは，優先株主又は優先登録株式質権者に対し，普通株主又は普通登録株式質権者に先立ち，それぞれ次に定める額の金銭による剰余金の配当(以下かか

(point) **連結財務諸表等**

ここでは主に財務諸表の作成方法についての説明が書かれている。企業は大蔵省が定めた規則に従って財務諸表を作るよう義務付けられている。また金融商品法に従い，作成した財務諸表がどの監査法人によって監査を受けているかも明記されている。

る配当により支払われる金銭を「優先中間配当金」という。）を行う。

第二種優先株式　　　1株につき30円

第四種優先株式　　　1株につき9円30銭

第六種優先株式　　　1株につき105円45銭

第七種優先株式　　　1株につき57円50銭

(2) 残余財産の分配

　当行は，残余財産を分配するときは，優先株主又は優先登録株式質権者に対し，普通株主又は普通登録株式質権者に先立ち，それぞれ次に定める額の金銭を支払う。

第二種優先株式　　　1株につき2,500円

第四種優先株式　　　1株につき2,000円

第六種優先株式　　　1株につき5,700円

第七種優先株式　　　1株につき2,500円

　優先株主又は優先登録株式質権者に対しては，上記の外，残余財産の分配は行わない。

(3) 議決権

　優先株主は，法令に別段の定めがある場合を除き，株主総会において議決権を有しない。ただし，優先株主は，優先配当金を受ける旨の議案が定時株主総会に提出されないとき（ただし，事業年度終了後定時株主総会までに優先配当金を受ける旨の取締役会の決議がなされた場合を除く。）はその総会より，その議案が定時株主総会において否決されたときはその総会の終結の時より，優先配当金を受ける旨の取締役会の決議又は株主総会の決議がある時までは議決権を有する。

(4) 優先株式の併合又は分割，募集新株の割当てを受ける権利等

　当行は，法令に別段の定めがある場合を除き，優先株式について株式の併合又は分割は行わない。

　当行は，優先株主には募集株式の割当てを受ける権利又は募集新株予約権の割当てを受ける権利を与えない。

　当行は，優先株主には株式無償割当て又は新株予約権の無償割当ては行わない。

(5) 優先順位

　各種の優先株式の優先配当金，優先中間配当金及び残余財産の支払順位は，同順位とする。

(point) **連結財務諸表**

　ここでは貸借対照表（またはバランスシート，BS），損益計算書(PL)，キャッシュフロー計算書の詳細を調べることができる。あまり会計に詳しくない場合は，最低限，損益計算書の売上と営業利益を見ておけばよい。可能ならば，その数字が過去5年，10年の間にどのように変化しているか調べると会社への理解が深まるだろう。

経理の状況

1　当行の連結財務諸表は、「連結財務諸表の用語、様式及び作成方法に関する規則」（昭和51年大蔵省令第28号）に基づいて作成しておりますが、資産及び負債並びに収益及び費用については、「銀行法施行規則」（昭和57年大蔵省令第10号）に定める分類に準じて記載しております。

2　当行の財務諸表は、「財務諸表等の用語、様式及び作成方法に関する規則」（昭和38年大蔵省令第59号）に基づいて作成しておりますが、資産及び負債並びに収益及び費用については、「銀行法施行規則」（昭和57年大蔵省令第10号）に定める分類に準じて記載しております。

3　金融商品取引法第193条の2第1項の規定に基づき、連結会計年度（自2022年4月1日至2023年3月31日）の連結財務諸表及び事業年度（自2022年4月1日至2023年3月31日）の財務諸表は、有限責任監査法人トーマツの監査証明を受けております。

4　当行は、連結財務諸表等の適正性を確保するための特段の取組みを行っております。具体的には、公益財団法人財務会計基準機構等に加入し、企業会計基準委員会等の行う研修に参加しており、会計基準等の内容を適切に把握し、又は会計基準等の変更等について的確に対応することができる体制の整備をしております。

1 連結財務諸表等

（1） 連結財務諸表 ⋯⋯⋯⋯⋯⋯⋯⋯⋯⋯⋯⋯⋯⋯⋯⋯⋯⋯⋯⋯⋯

① 連結貸借対照表

（単位：百万円）

	前連結会計年度 （2022年3月31日）		当連結会計年度 （2023年3月31日）	
資産の部				
現金預け金	※4	89,394,022	※4	92,016,699
コールローン及び買入手形		1,329,509		1,048,223
買現先勘定	※2	3,251,233	※2	4,388,214
債券貸借取引支払保証金	※2	1,038,729	※2	895,359
買入金銭債権		4,227,395	※2	4,664,580
特定取引資産	※4	6,155,300	※4	7,391,824
金銭の信託		54,104		46,753
有価証券	※1,※2,※3,※4,※12	63,978,590	※1,※2,※3,※4,※12	72,239,502
貸出金	※2,※3,※4,※5,※6	107,350,620	※2,※3,※4,※5,※6	106,474,163
外国為替	※2,※3	2,099,851	※2,※3	2,051,851
その他資産	※3,※4	9,953,590	※3	11,383,199
有形固定資産	※8,※9	939,142	※8,※9	897,648
建物		248,448		232,440
土地	※7	549,864	※7	534,903
リース資産		6,266		5,041
建設仮勘定		31,495		31,496
その他の有形固定資産		103,068		93,767
無形固定資産		730,207		699,763
ソフトウェア		305,180		322,325
のれん		76,738		54,694
リース資産		1		17
その他の無形固定資産		348,286		322,726
退職給付に係る資産		912,172		839,105
繰延税金資産		119,720		336,606
支払承諾見返	※3	9,183,614	※3	9,598,727
貸倒引当金		△1,106,823		△1,123,017
資産の部合計		299,610,983		313,849,208

（単位：百万円）

	前連結会計年度 （2022年3月31日）	当連結会計年度 （2023年3月31日）
負債の部		
預金	※1 204,567,192	202,318,702
譲渡性預金	7,952,786	8,972,362
コールマネー及び売渡手形	※4 322,579	35,069
売現先勘定	※4,※4 12,815,670	※4 28,045,447
債券貸借取引受入担保金	※4 157,661	※4 222,656
コマーシャル・ペーパー	1,322,774	1,834,968
特定取引負債	※4 3,137,703	3,256,319
借用金	※4,※5,※10 36,933,650	※4,※5,※10 33,614,592
外国為替	※2 2,192,354	※2 2,631,571
社債	※4,※11 2,070,421	※4,※11 2,129,686
その他負債	※4 6,168,651	8,511,070
賞与引当金	55,423	109,066
役員賞与引当金	1,059	2,937
株式給付引当金	3,749	3,705
退職給付に係る負債	77,067	77,795
役員退職慰労引当金	427	462
ポイント引当金	11,406	11,931
偶発損失引当金	※13 107,761	※13 81,897
繰延税金負債	195,502	15,911
再評価に係る繰延税金負債	※7 90,620	※7 85,736
支払承諾	9,183,614	9,598,727
負債の部合計	287,368,082	301,590,620
純資産の部		
資本金	1,711,958	1,711,958
資本剰余金	3,669,248	3,662,223
利益剰余金	5,127,252	5,403,610
自己株式	△645,700	△645,700
株主資本合計	9,862,758	10,132,092
その他有価証券評価差額金	1,230,161	743,636
繰延ヘッジ損益	△115,487	△473,280
土地再評価差額金	※7 179,246	※7 168,507
為替換算調整勘定	454,804	1,055,848
退職給付に係る調整累計額	175,242	128,840
その他の包括利益累計額合計	1,923,967	1,623,554
非支配株主持分	456,174	502,941
純資産の部合計	12,242,901	12,258,588
負債及び純資産の部合計	299,610,983	313,849,208

② 連結損益計算書及び連結包括利益計算書

連結損益計算書

（単位：百万円）

	前連結会計年度 （自 2021年4月 1日 至 2022年3月31日）	当連結会計年度 （自 2022年4月 1日 至 2023年3月31日）
経常収益	4,050,858	6,629,819
資金運用収益	2,233,858	4,314,142
貸出金利息	1,456,275	2,591,956
有価証券利息配当金	120,756	918,472
コールローン利息及び買入手形利息	4,720	18,128
買現先利息	18,472	94,508
債券貸借取引受入利息	2,192	18,020
預け金利息	56,309	289,814
その他の受入利息	275,131	383,240
信託報酬	11,981	12,258
役務取引等収益	916,231	1,071,800
特定取引収益	80,088	206,149
その他業務収益	336,563	560,075
その他経常収益	472,136	465,394
償却債権取立益	64,283	71,721
その他の経常収益	※1 407,853	※1 393,672
経常費用	3,226,019	6,342,849
資金調達費用	484,386	1,907,020
預金利息	184,522	845,671
譲渡性預金利息	18,311	220,010
コールマネー利息及び売渡手形利息	825	3,481
売現先利息	22,300	285,580
債券貸借取引支払利息	534	897
コマーシャル・ペーパー利息	1,479	56,432
借用金利息	175,933	293,388
社債利息	64,155	67,135
その他の支払利息	16,322	134,421
役務取引等費用	176,533	177,390
特定取引費用	491	74,608
その他業務費用	220,712	1,264,752
営業経費	※2 1,873,760	※2 2,072,726
その他経常費用	470,134	846,350
貸倒引当金繰入額	213,184	206,546
その他の経常費用	※3 256,949	※3 639,804
経常利益	824,838	286,969

（単位：百万円）

	前連結会計年度 （自 2021年4月 1日 至 2022年3月31日）	当連結会計年度 （自 2022年4月 1日 至 2023年3月31日）
特別利益	90,575	713,427
固定資産処分益	26,213	13,917
関連会社株式売却益	28,968	—
事業譲渡益	22,702	—
持分変動利益	8,395	—
子会社株式売却益	1,295	※4 699,509
特別損失	173,131	129,324
固定資産処分損	10,444	14,301
減損損失	162,686	6,925
年金バイアウトに伴う損失	—	※5 78,111
関連会社株式売却損	—	29,985
税金等調整前当期純利益	742,283	871,073
法人税、住民税及び事業税	300,237	395,512
法人税等還付税額	△13,499	△48,192
法人税等調整額	△82,449	△94,318
法人税等合計	204,288	253,001
当期純利益	537,994	618,071
非支配株主に帰属する当期純利益	34,993	16,037
親会社株主に帰属する当期純利益	503,001	602,034

連結包括利益計算書

（単位：百万円）

	前連結会計年度 （自 2021年4月 1日 至 2022年3月31日）	当連結会計年度 （自 2022年4月 1日 至 2023年3月31日）
当期純利益	537,994	618,071
その他の包括利益		
その他有価証券評価差額金	△675,460	△480,921
繰延ヘッジ損益	△304,694	△357,765
為替換算調整勘定	449,703	628,243
退職給付に係る調整額	29,554	△41,163
持分法適用会社に対する持分相当額	8,467	9,055
その他の包括利益合計	※1 △492,430	※1 △245,551
包括利益	45,564	372,520
（内訳）		
親会社株主に係る包括利益	△1,029	312,359
非支配株主に係る包括利益	46,593	60,160

③　連結株主資本等変動計算書

前連結会計年度（自　2021年4月1日　至2022年3月31日）

（単位：百万円）

	株主資本				
	資本金	資本剰余金	利益剰余金	自己株式	株主資本合計
当期首残高	1,711,958	3,671,803	4,978,691	△645,700	9,716,753
会計方針の変更による累積的影響額			△134		△134
会計方針の変更を反映した当期首残高	1,711,958	3,671,803	4,978,556	△645,700	9,716,618
当期変動額					
剰余金の配当			△365,067		△365,067
親会社株主に帰属する当期純利益			503,001		503,001
土地再評価差額金の取崩			10,762		10,762
連結子会社持分の増減		△2,555			△2,555
株主資本以外の項目の当期変動額（純額）					
当期変動額合計	－	△2,555	148,696	－	146,140
当期末残高	1,711,958	3,669,248	5,127,252	△645,700	9,862,758

	その他の包括利益累計額						非支配株主持分	純資産合計
	その他有価証券評価差額金	繰延ヘッジ損益	土地再評価差額金	為替換算調整勘定	退職給付に係る調整累計額	その他の包括利益累計額合計		
当期首残高	1,907,639	188,194	190,008	4,532	148,384	2,438,760	416,462	12,571,975
会計方針の変更による累積的影響額							△14	△149
会計方針の変更を反映した当期首残高	1,907,639	188,194	190,008	4,532	148,384	2,438,760	416,447	12,571,826
当期変動額								
剰余金の配当								△365,067
親会社株主に帰属する当期純利益								503,001
土地再評価差額金の取崩								10,762
連結子会社持分の増減								△2,555
株主資本以外の項目の当期変動額（純額）	△677,477	△303,681	△10,762	450,271	26,857	△514,792	39,726	△475,065
当期変動額合計	△677,477	△303,681	△10,762	450,271	26,857	△514,792	39,726	△328,925
当期末残高	1,230,161	△115,487	179,246	454,804	175,242	1,923,967	456,174	12,242,901

当連結会計年度（自2022年4月1日　至2023年3月31日）

（単位：百万円）

	株主資本				
	資本金	資本剰余金	利益剰余金	自己株式	株主資本合計
当期首残高	1,711,958	3,669,248	5,127,252	△645,700	9,862,758
当期変動額					
剰余金の配当			△336,415		△336,415
親会社株主に帰属する当期純利益			602,034		602,034
土地再評価差額金の取崩			10,738		10,738
連結子会社持分の増減		△3,183			△3,183
在外子会社との共通支配下の取引による変動		△3,840			△3,840
株主資本以外の項目の当期変動額（純額）					
当期変動額合計	－	△7,024	276,357	－	269,333
当期末残高	1,711,958	3,662,223	5,403,610	△645,700	10,132,092

	その他の包括利益累計額						非支配株主持分	純資産合計
	その他有価証券評価差額金	繰延ヘッジ損益	土地再評価差額金	為替換算調整勘定	退職給付に係る調整累計額	その他の包括利益累計額合計		
当期首残高	1,230,161	△115,487	179,246	454,804	175,242	1,923,967	456,174	12,242,901
当期変動額								
剰余金の配当								△336,415
親会社株主に帰属する当期純利益								602,034
土地再評価差額金の取崩								10,738
連結子会社持分の増減								△3,183
在外子会社との共通支配下の取引による変動								△3,840
株主資本以外の項目の当期変動額（純額）	△486,524	△357,793	△10,738	601,044	△46,401	△300,413	46,766	△253,646
当期変動額合計	△486,524	△357,793	△10,738	601,044	△46,401	△300,413	46,766	15,687
当期末残高	743,636	△473,280	168,507	1,055,848	128,840	1,623,554	502,941	12,258,588

④ 連結キャッシュ・フロー計算書

（単位：百万円）

	前連結会計年度 （自 2021年4月 1日 至 2022年3月31日）	当連結会計年度 （自 2022年4月 1日 至 2023年3月31日）
営業活動によるキャッシュ・フロー		
税金等調整前当期純利益	742,283	871,073
減価償却費	236,112	200,127
減損損失	162,686	6,925
のれん償却額	6,550	7,551
持分法による投資損益（△は益）	△25,038	△36,824
年金バイアウトに伴う損失	―	78,111
貸倒引当金の増減（△）	99,655	△40,142
賞与引当金の増減額（△は減少）	5,633	67,991
役員賞与引当金の増減額（△は減少）	95	1,833
株式給付引当金の増減額（△は減少）	△1,038	△44
退職給付に係る資産の増減額（△は増加）	△79,876	△16,286
退職給付に係る負債の増減額（△は減少）	709	641
役員退職慰労引当金の増減額（△は減少）	△28	35
ポイント引当金の増減額（△は減少）	△329	△537
偶発損失引当金の増減額（△は減少）	22,634	△23,252
資金運用収益	△2,233,858	△4,314,142
資金調達費用	484,386	1,907,020
有価証券関係損益（△）	△207,079	257,763
金銭の信託の運用損益（△は運用益）	10,299	7,688
為替差損益（△は益）	△1,469,843	△960,729
固定資産処分損益（△は益）	△15,768	384
特定取引資産の純増（△）減	784,985	△1,073,131
特定取引負債の純増減（△）	△102,614	125,830
約定済未決済特定取引調整額	179,091	318,303
貸出金の純増（△）減	△2,304,595	△4,633,748
預金の純減（△）	1,216,289	6,880,140
譲渡性預金の純増減（△）	1,716,892	1,195,089
借用金（劣後特約付借入金を除く）の純増減（△）	△719,832	△5,087,134
コールローン等の純増（△）減	△923,935	△1,059,912
債券貸借取引支払保証金の純増（△）減	△302,407	303,035
コールマネー等の純増減（△）	3,575,784	14,471,286
コマーシャル・ペーパーの純増減（△）	439,256	581,589
債券貸借取引受入担保金の純増減（△）	64,827	47,151
外国為替（資産）の純増（△）減	△284,386	43,806
外国為替（負債）の純増減（△）	△57,395	440,610
普通社債発行及び償還による増減（△）	△355,624	83,070
資金運用による収入	2,248,740	3,954,522
資金調達による支出	△488,330	△1,664,842
その他	△139,090	12,343
小計	2,285,838	12,953,204
法人税等の支払額	△185,513	△391,317
法人税等の還付額	15,023	54,959
営業活動によるキャッシュ・フロー	2,115,348	12,616,846

（単位：百万円）

	前連結会計年度 （自 2021年4月 1日 至 2022年3月31日）	当連結会計年度 （自 2022年4月 1日 至 2023年3月31日）
投資活動によるキャッシュ・フロー		
有価証券の取得による支出	△83,360,144	△91,247,362
有価証券の売却による収入	53,886,453	49,831,006
有価証券の償還による収入	29,864,580	31,133,955
金銭の信託の増加による支出	△41,741	△78,327
金銭の信託の減少による収入	16,281	78,219
有形固定資産の取得による支出	△66,065	△57,431
無形固定資産の取得による支出	△166,507	△154,606
有形固定資産の売却による収入	56,402	28,801
無形固定資産の売却による収入	1,277	176
事業譲渡による支出	※3 △724,428	－
事業譲受による支出	－	△30
連結の範囲の変更を伴う子会社株式の取得による支出	△1,165	－
連結の範囲の変更を伴う子会社株式の売却による支出	－	※2 △1,784,755
連結の範囲の変更を伴う子会社株式の売却による収入	2,813	－
その他	△862	△1,998
投資活動によるキャッシュ・フロー	△533,106	△12,252,351
財務活動によるキャッシュ・フロー		
劣後特約付借入れによる収入	1,578,967	3,285,751
劣後特約付借入金の返済による支出	△1,270,415	△1,359,613
劣後特約付社債及び新株予約権付社債の発行による収入	38,239	123,501
劣後特約付社債及び新株予約権付社債の償還による支出	△156,163	△181,808
非支配株主からの払込みによる収入	4,973	1,855
配当金の支払額	△365,067	△336,415
非支配株主への配当金の支払額	△9,040	△7,936
連結の範囲の変更を伴わない子会社株式の取得による支出	△43	△373
財務活動によるキャッシュ・フロー	△178,550	1,524,960
現金及び現金同等物に係る換算差額	1,015,089	735,121
現金及び現金同等物の増減額（△は減少）	2,418,781	2,624,577
現金及び現金同等物の期首残高	86,975,271	89,394,022
連結除外に伴う現金及び現金同等物の減少額	－	△1,900
吸収分割に伴う現金及び現金同等物の減少額	△30	－
現金及び現金同等物の期末残高	※1 89,394,022	※1 92,016,699

【注記事項】

（連結財務諸表作成のための基本となる重要な事項）

1 連結の範囲に関する事項 ⋯⋯⋯⋯⋯⋯⋯⋯⋯⋯⋯⋯⋯⋯⋯⋯⋯⋯⋯⋯⋯

（1） 連結子会社 108社 ⋯⋯⋯⋯⋯⋯⋯⋯⋯⋯⋯⋯⋯⋯⋯⋯⋯⋯⋯⋯⋯⋯⋯⋯⋯⋯⋯

主要な会社名

MUFG Americas Holdings Corporation

Bank of Ayudhya Public Company Limited

（連結の範囲の変更）

MUFGトレーディング株式会社他1社は，新規設立等により，当連結会計年度から連結の範囲に含めております。

MUFG Union Bank, N. A. 他8社は，株式譲渡等により，子会社でなくなったことから，当連結会計年度より連結の範囲から除いております。

（2） 非連結子会社 …………………………………………………………………

該当事項はありません。

（3） 他の会社等の議決権（業務執行権）の過半数を自己の計算において所有しているにもかかわらず子会社としなかった当該他の会社等の名称 ……………

ARM医薬開発合同会社

HISHOH Biopharma株式会社

（子会社としなかった理由）

ベンチャーキャピタル事業等を営む連結子会社が投資育成や事業再生を図りキャピタルゲイン獲得を目的等とする営業取引として株式等を所有しているのであって，傘下に入れる目的ではないことから，子会社として取り扱っておりません。

（4） 開示対象特別目的会社に関する事項 ……………………………………

該当事項はありません。

2　持分法の適用に関する事項 …………………………………………………

（1） 持分法適用の非連結子会社 …………………………………………………

該当事項はありません。

（2） 持分法適用の関連会社　42社 ……………………………………………

主要な会社名

Vietnam Joint Stock Commercial Bank for Industry and Trade

Security Bank Corporation
（持分法適用の範囲の変更）

　　株式会社カンム他5社は，株式取得等により，当連結会計年度から持分法適用の範囲に含めております。株式会社中京銀行他9社は，株式売却等により，関連会社でなくなったことから，当連結会計年度より持分法適用の範囲から除いております。

(3)　持分法非適用の非連結子会社 ··
　　該当事項はありません。

(4)　持分法非適用の関連会社 ···
　　該当事項はありません。

(5)　他の会社等の議決権の100分の20以上100分の50以下を自己の計算において所有しているにもかかわらず関連会社としなかった当該他の会社等の名称 ······

カムイファーマ株式会社　　　　　　株式会社アークメディスン
株式会社ジェクスヴァル　　　　　　HuLA immune株式会社
株式会社リボルナバイオサイエンス　DTアクシス株式会社
株式会社フェリクス

（関連会社としなかった理由）

　　ベンチャーキャピタル事業等を営む連結子会社が投資育成や事業再生を図りキャピタルゲイン獲得を目的等とする営業取引として株式等を所有しているのであって，傘下に入れる目的ではないことから，関連会社として取り扱っておりません。

3　連結子会社の事業年度等に関する事項 ·································
(1)　連結子会社の決算日は次のとおりであります。
　　10月末日　　　1社

12月末日　　71社

3月末日　　36社

(2) 10月末日を決算日とする連結子会社は，1月末日現在で実施した仮決算に基づく財務諸表により連結しております。

　また，その他の連結子会社は，それぞれの決算日の財務諸表により連結しております。なお，連結決算日と上記の決算日等との間に生じた連結会社間の重要な取引については，必要な調整を行っております。

4　会計方針に関する事項

(1)　特定取引資産・負債の評価基準及び収益・費用の計上基準

　金利，通貨の価格，金融商品市場における相場その他の指標に係る短期的な変動，市場間の格差等を利用して利益を得る等の目的（以下，「特定取引目的」という。）の取引については，取引の約定時点を基準とし，連結貸借対照表上「特定取引資産」及び「特定取引負債」に計上するとともに，当該取引からの損益（利息配当金，売却損益及び評価損益）を連結損益計算書上「特定取引収益」及び「特定取引費用」に計上しております。

　特定取引資産及び特定取引負債の評価は，時価法により行っております。

　なお，特定取引目的のデリバティブ取引については，特定の市場リスク及び特定の取引相手先の信用リスクの評価に関して，金融資産及び金融負債を相殺した後の正味の資産又は負債を基礎として，当該金融資産及び金融負債のグループを単位とした時価を算定しております。

(2)　有価証券の評価基準及び評価方法

① 有価証券の評価は，満期保有目的の債券については移動平均法による償却原価法（定額法），その他有価証券については時価法（売却原価は主として移動平均法により算定），ただし市場価格のない株式等については移動平均法による原価法により行っております。

　なお，その他有価証券の評価差額については，時価ヘッジの適用により損益に反映させた額を除き，全部純資産直入法により処理しております。

---

② 金銭の信託において信託財産を構成している有価証券の評価は，上記(1)及び(2)①と同じ方法により行っております。

なお，運用目的及び満期保有目的以外の金銭の信託の信託財産の構成物である有価証券の評価差額については，全部純資産直入法により処理しております。

(3) デリバティブ取引の評価基準及び評価方法 ·····································

デリバティブ取引（特定取引目的の取引を除く）の評価は，時価法により行っております。

なお，デリバティブ取引については，特定の市場リスク及び特定の取引相手先の信用リスクの評価に関して，金融資産及び金融負債を相殺した後の正味の資産又は負債を基礎として，当該金融資産及び金融負債のグループを単位とした時価を算定しております。

(4) 固定資産の減価償却の方法 ···
① 有形固定資産（リース資産を除く）

当行の有形固定資産の減価償却は，定率法を採用しております。

なお，主な耐用年数は次のとおりであります。

　　建物　：15年〜50年
　　その他：2年〜20年

また，連結子会社の有形固定資産については，資産の見積耐用年数に基づき，主として定額法により償却しております。

② 無形固定資産（リース資産を除く）

無形固定資産は，定額法により償却しております。

なお，自社利用のソフトウエアについては，当行及び連結子会社で定める利用可能期間（主として3年〜10年）に対応して定額法により償却しております。

③ リース資産

所有権移転外ファイナンス・リース取引に係る「有形固定資産」及び「無形固定資産」中のリース資産は，リース期間を耐用年数とした定額法により償却しております。

なお，残存価額については，リース契約上に残価保証の取決めがあるものは当該残価保証額とし，それ以外のものは零としております。

(5)　繰延資産の処理方法 ....

　社債発行費及び株式交付費は，支出時に全額費用として処理しております。

(6)　貸倒引当金の計上基準 ....

　当行及び国内連結子会社の貸倒引当金は，予め定めている資産の自己査定基準及び償却・引当基準に則り，次のとおり計上しております。

　破産，特別清算，手形交換所における取引停止処分等，法的・形式的に経営破綻の事実が発生している債務者（以下，「破綻先」という。）に対する債権及び実質的に経営破綻に陥っている債務者（以下，「実質破綻先」という。）に対する債権については，下記直接減額後の帳簿価額から担保の処分可能見込額及び保証による回収が可能と認められる額を控除し，その残額を計上しております。今後，経営破綻に陥る可能性が大きいと認められる債務者（以下，「破綻懸念先」という。）に対する債権のうち，債権の元本の回収及び利息の受取りに係るキャッシュ・フローを合理的に見積ることができない債権については，債権額から担保の処分可能見込額及び保証による回収が可能と認められる額を控除し，その残額のうち，債務者の支払能力を総合的に判断して必要と認められる額を計上しております。破綻懸念先及び今後の管理に注意を要する債務者に対する債権のうち，債権の元本の回収及び利息の受取りに係るキャッシュ・フローを合理的に見積ることができる債権については，当該キャッシュ・フローを当初の約定利子率で割り引いた金額と債権の帳簿価額との差額を計上しております。

　上記以外の債権については，主として今後１年間の予想損失額又は貸出金の平均残存期間の予想損失額を見込んで計上しており，予想損失額は，１年間又は貸出金の平均残存期間の貸倒実績又は倒産実績を基礎とした貸倒実績率又は倒産確率の過去の一定期間における平均値に基づき損失率を求め，これに将来見込み等必要な調整を加えて算定しております。特定海外債権については，対象国の政治経済情勢等に起因して生じる損失見込額を特定海外債権引当勘定として計上して

おります。

　すべての債権は，資産の自己査定基準に基づき，営業部店及び審査所管部が資産査定を実施し，当該部署から独立した与信監査部署が査定結果を監査しております。

　なお，破綻先及び実質破綻先に対する担保・保証付債権等については，債権額から担保の評価額及び保証による回収が可能と認められる額を控除した残額を取立不能見込額として債権額から直接減額しており，その金額は193,218百万円（前連結会計年度末は222,003百万円）であります。

　その他の連結子会社の貸倒引当金は，一般債権については過去の貸倒実績率等を勘案して必要と認められる額を，貸倒懸念債権等特定の債権については，個別に回収可能性を勘案し，回収不能見込額をそれぞれ計上しております。

（追加情報）
　（米国会計基準を適用する一部の在外子会社における貸倒引当金の計上基準）
　米国会計基準を適用する一部の在外子会社の貸倒引当金は，米国財務会計基準審議会会計基準コーディフィケーション（ASC）326「金融商品-信用損失」に従い，残存契約期間にわたって予想信用損失を見積ることにより計上しております。予想信用損失は，類似するリスク特性を有するポートフォリオ毎に，過去の貸倒実績又は倒産実績に基づく損失率を基にマクロ経済変数等の将来予測情報を倒産確率等に織り込むモデルを用いて集合的に算定しております。また，当該モデルで捕捉が困難であるものの見積りに勘案すべき足元の状況や将来予測に関する定性的要因がある場合等，調整が必要と認められる場合には，これらを追加的に反映し，貸倒引当金を算定しております。新型コロナウイルス感染症（以下，「COVID-19」という。）及びロシア・ウクライナ情勢の長期化影響等による将来の不確実性は，貸倒引当金算定に用いられるマクロ経済変数または定性的要因に基づく調整あるいはその両方によって貸倒引当金の見積りに織り込んでおります。

　他方で信用リスクが悪化しており他債権と類似するリスクを共有していないと判断した債権については，個別債権毎に固有のリスクを勘案して貸倒引当金を計上しております。これには見積りキャッシュ・フローを実効利子率等で割り引い

た金額と債権の帳簿価額との差額を計上する方法や，担保の公正価値に基づいて計上する方法等を用いております。

（7） 賞与引当金の計上基準 ……………………………………………………………………

賞与引当金は，従業員への賞与の支払いに備えるため，従業員に対する賞与の支給見込額のうち，当連結会計年度に帰属する額を計上しております。

（8） 役員賞与引当金の計上基準 ……………………………………………………………

役員賞与引当金は，役員への賞与の支払いに備えるため，役員に対する賞与の支給見込額のうち，当連結会計年度に帰属する額を計上しております。

（9） 株式給付引当金の計上基準 ……………………………………………………………

株式給付引当金は，取締役等への株式報酬制度における報酬支払いに備えるため，取締役等に対する報酬の支給見込額のうち，当連結会計年度末までに発生していると認められる額を計上しております。

（10） 役員退職慰労引当金の計上基準 ……………………………………………………

役員退職慰労引当金は，当行の連結子会社が，役員への退職慰労金の支払いに備えるため，役員に対する退職慰労金の支給見積額のうち，当連結会計年度末までに発生していると認められる額を計上しております。

（11） ポイント引当金の計上基準 ………………………………………………………………

ポイント引当金は，「スーパーICカード」等におけるポイントの将来の利用による負担に備えるため，未利用の付与済ポイントを金額に換算した残高のうち，将来利用される見込額を見積もり，必要と認められる額を計上しております。

（12） 偶発損失引当金の計上基準 ………………………………………………………………

偶発損失引当金は，オフバランス取引や各種の訴訟や内外規制当局による検査・調査等に関して偶発的に発生する損失に備えるため，将来発生する可能性の

ある損失の見積額を計上しております。

（13）　退職給付に係る会計処理の方法 ·······································

　退職給付債務の算定にあたり，退職給付見込額を当連結会計年度末までの期間に帰属させる方法については給付算定式基準によっております。また，過去勤務費用及び数理計算上の差異の費用処理方法は次のとおりであります。

　　過去勤務費用

　　　その発生時の従業員の平均残存勤務期間内の一定の年数（主として10年）による定額法により費用処理

　　数理計算上の差異

　　　各連結会計年度の発生時の従業員の平均残存勤務期間内の一定の年数（主として10年）による定額法により按分した額を，それぞれ主として発生の翌連結会計年度から費用処理なお，一部の当行海外支店及び一部の連結子会社は，退職給付に係る負債及び退職給付費用の算定にあたり，簡便法を採用しております。

（14）　収益の認識基準 ···

① 収益の認識方法

　顧客との契約から生じる収益は，その契約内容の取引の実態に応じて，契約毎に識別した履行義務の充足状況に基づき連結損益計算書に認識しております。

② 主な取引における収益の認識

　顧客との契約から生じる収益は，収益認識の時期の決定に重要な影響を与える項目である履行義務の充足時期を以下のとおり判定しており，それぞれの経済実態を忠実に表現する収益認識方法となっております。

　取引の対価は取引時点で現金決済するものが大宗であり，それ以外の取引から認識した債権についても，1年以内の回収を原則としております。

　役務取引等収益のうち為替業務収益は，主として送金・振込手数料から構成され，決済時点で認識しております。

　役務取引等収益のうち預金業務収益は，主としてATM利用料，定期的な口座

管理サービス手数料から構成され，ATM利用料は取引実行時点で認識，定期的な口座管理サービス手数料はサービス提供期間にわたって収益計上しております。

役務取引等収益のうち貸出業務収益は，主としてシンジケートローンにおける貸付期間中の事務管理の対価や，取引先に対する金融・財務に関するアドバイスの対価から構成され，サービス提供期間にわたって収益計上しております。

役務取引等収益のうち証券関連業務収益は，主として証券会社に対する当行顧客紹介や取引仲介の対価から構成され，証券会社が当行顧客にサービスを提供した時点で認識しております。

役務取引等収益のうちカード関連業務収益は，主として加盟店手数料，フランチャイズからのロイヤルティ収益から構成され，加盟店手数料はクレジット売上データが到着した時点で収益を計上し，フランチャイズからのロイヤルティ収益等は，サービス提供期間にわたって収益計上しております。

信託報酬は，主として信託財産の管理・運用業務収益から構成され，一般的に各信託財産の預り残高，又は各信託勘定の会計期間における運用実績に基づき算定される金額を，サービス提供期間にわたって履行義務が充足するにつれて，当行連結子会社が請求する権利を有する金額で収益を認識しております。

(15) 外貨建の資産及び負債の本邦通貨への換算基準

当行の外貨建資産・負債及び海外支店勘定は，取得時の為替相場による円換算額を付す関連会社株式を除き，主として連結決算日の為替相場による円換算額を付しております。

連結子会社の外貨建資産・負債については，それぞれの決算日等の為替相場により換算しております。

(16) リース取引の処理方法

(借手側)

当行及び国内連結子会社の所有権移転外ファイナンス・リース取引は，通常の売買処理に係る方法に準じて会計処理を行い，リース資産の減価償却の方法につ

いては，リース期間を耐用年数とした定額法によっております。残存価額については，リース契約上に残価保証の取決めがあるものは当該残価保証額とし，それ以外のものは零としております。

（貸手側）

所有権移転外ファイナンス・リース取引については，通常の売買処理に係る方法に準じて会計処理を行い，収益及び費用の計上基準については，売上高を「その他の経常収益」に含めて計上せずに，利息相当額を各期へ配分する方法によっております。

（17） 重要なヘッジ会計の方法 …………………………………………

① 金利リスク・ヘッジ

当行の金融資産・負債から生じる金利リスクを対象とするヘッジ会計のヘッジ対象を識別する方法は，主として，業種別委員会実務指針第24号「銀行業における金融商品会計基準適用に関する会計上及び監査上の取扱い」（2022年3月17日日本公認会計士協会。以下，「業種別委員会実務指針第24号」という。）及び会計制度委員会報告第14号「金融商品会計に関する実務指針」（平成12年1月31日日本公認会計士協会）に示されている取扱いによる包括ヘッジ又は個別ヘッジによっております。ヘッジ会計の方法は，繰延ヘッジによっております。

固定金利の預金・貸出金等の相場変動を相殺するヘッジにおいては，個別に又は業種別委員会実務指針第24号に基づき一定の残存期間毎にグルーピングしてヘッジ対象を識別し，金利スワップ取引等をヘッジ手段として指定しております。その他有価証券に区分している固定金利の債券の相場変動を相殺するヘッジにおいては，同一種類毎にヘッジ対象を識別し，金利スワップ取引等をヘッジ手段として指定しております。ヘッジ対象とヘッジ手段に関する重要な条件がほぼ同一となるようなヘッジ指定を行っているため，高い有効性があるとみなしており，これをもって有効性の判定に代えております。

変動金利の預金・貸出金等及び短期固定金利の預金・貸出金等に係る予定取引のキャッシュ・フローを固定するヘッジにおいては，業種別委員会実務指針第24号に基づき金利インデックス及び一定の金利改定期間毎にグルーピングして

ヘッジ対象を識別し，金利スワップ取引等をヘッジ手段として指定しております。ヘッジ対象とヘッジ手段に関する重要な条件がほぼ同一となるようなヘッジ指定を行っているため，高い有効性があるとみなしており，これをもって有効性の判定に代えているほか，金利変動要素の相関関係の検証により有効性の評価を行っております。

② 為替変動リスク・ヘッジ

　当行の外貨建の金融資産・負債から生じる為替変動リスクに対するヘッジ会計については，業種別委員会実務指針第25号「銀行業における外貨建取引等の会計処理に関する会計上及び監査上の取扱い」（2020年10月8日日本公認会計士協会。以下，「業種別委員会実務指針第25号」という。）に基づき，外貨建金銭債権債務等を通貨毎にグルーピングしてヘッジ対象を識別し，同一通貨の通貨スワップ取引及び為替予約（資金関連スワップ取引）をヘッジ手段として指定しており，ヘッジ会計の方法は，繰延ヘッジによっております。

　また，在外子会社及び在外関連会社に対する持分への投資並びに外貨建その他有価証券（債券以外）の為替変動リスクをヘッジするため，同一通貨の外貨建金銭債権債務及び為替予約をヘッジ手段として包括ヘッジ又は個別ヘッジを行っており，ヘッジ会計の方法は，在外子会社及び在外関連会社に対する持分への投資についてはヘッジ手段から生じた為替換算差額を為替換算調整勘定に含めて処理する方法，外貨建その他有価証券（債券以外）については時価ヘッジによっております。

③ 株価変動リスク・ヘッジ

　当行のその他有価証券のうち，政策投資目的で保有する株式の相場変動リスクをヘッジするため，トータル・リターン・スワップをヘッジ手段として個別ヘッジを行っており，ヘッジの有効性評価については，ヘッジ対象の時価変動等とヘッジ手段の時価変動等との相関関係を検証する方法により行っております。ヘッジ会計の方法は，時価ヘッジによっております。

④ 連結会社間取引等

　デリバティブ取引のうち連結会社間及び特定取引勘定とそれ以外の勘定との間（又は内部部門間）の内部取引については，ヘッジ手段として指定している金利ス

ワップ取引及び通貨スワップ取引等に対して，業種別委員会実務指針第24号及び同第25号に基づき，恣意性を排除し厳格なヘッジ運営が可能と認められる対外カバー取引の基準に準拠した運営を行っているため，当該金利スワップ取引及び通貨スワップ取引等から生じる損益又は評価差額を消去せずに当連結会計年度の損益として処理し，あるいは繰延処理を行っております。

（18）　のれんの償却方法及び償却期間

のれんについては，主として発生年度以降20年間で均等償却しております。なお，金額に重要性が乏しいのれんについては，発生年度に全額償却しております。

（19）　連結キャッシュ・フロー計算書における資金の範囲

連結キャッシュ・フロー計算書における資金の範囲は，連結貸借対照表上の「現金預け金」であります。

（20）　消費税等の会計処理

当行及び国内連結子会社の消費税及び地方消費税（以下，「消費税等」という。）の会計処理は，税抜方式によっております。なお，有形固定資産に係る控除対象外消費税等は発生した連結会計年度の費用に計上しております。

（21）　グループ通算制度の適用

当行及び一部の国内連結子会社は，株式会社三菱UFJフィナンシャル・グループを通算親会社とするグループ通算制度を適用しております。

（22）　手形割引及び再割引の会計処理

手形割引及び再割引は，業種別委員会実務指針第24号に基づき金融取引として処理しております。

（23） 在外子会社の会計処理基準 ………………………………………………

　在外子会社の財務諸表が，国際財務報告基準又は米国会計基準に準拠して作成されている場合には，それらを連結決算手続上利用しております。

　なお，在外子会社の財務諸表が，国際財務報告基準又は米国会計基準以外の各所在地国で公正妥当と認められた会計基準に準拠して作成されている場合には，主として米国会計基準に準拠して修正しております。

　また，連結決算上必要な修正を実施しております。

（重要な会計上の見積り）

1　貸倒引当金の算定 ………………………………………………

（1）　当連結会計年度の連結財務諸表に計上した金額 ………………………

　当行グループは，中核的な事業の一つとして貸出業務を行っております。貸出金を含む信用供与先の財務状況の悪化等により，貸出金等の資産の価値が減少ないし消失し，損失を被るリスク（このリスクを当行グループでは「信用リスク」と定義しております。）に備えて，内部規程にて予め定めている算定プロセスに従って，貸倒引当金を計上しております。当連結会計年度末の連結貸借対照表に計上した貸倒引当金額は1,123,017百万円（前連結会計年度末は1,106,823百万円）であります。

　貸倒引当金は，予め定めている内部規程等に則して算定され，経営会議傘下の与信委員会等の審議を経て決定されております。また，「（連結財務諸表作成のための基本となる重要な事項）4会計方針に関する事項（6）貸倒引当金の計上基準」に記載のとおり，独立した与信監査部署が査定結果を監査しております。なお，貸倒引当金の算定における見積り及び主要な仮定には不確実性があり，特に，取引先の経営状況及び経済環境に影響を及ぼすCOVID-19及びロシア・ウクライナ情勢の今後の見通しは高い不確実性を伴うことから，COVID-19の影響は継続するも経済活動制限は世界的に緩和され景気影響は減じていく，ロシア・ウクライナ情勢に起因する不透明な事業環境が継続する等，一定の仮定を置いた上で，客観性や合理性を確保した最善の見積りを行っております。

(point) 財務諸表

　　この項目では，連結ではなく単体の貸借対照表と，損益計算書の内訳を確認することができる。連結＝単体＋子会社なので，会社によっては単体の業績を調べて連結全体の業績予想のヒントにする場合があるが，あまりその必要性がある企業は多くない。

(2) 会計上の見積りの内容について連結財務諸表利用者の理解に資するその他の情報 ……………………………………………………………………………

（当行及び国内連結子会社における貸倒引当金）

① 当連結会計年度の連結財務諸表に計上した金額の算出方法

　当行及び国内連結子会社における貸倒引当金の算定プロセスには，取引先の債務償還能力を評価・分類した内部信用格付の決定，取引先から差し入れられた担保の価値の評価，及び，過去実績を基に算定した損失率への将来見込み等による調整といった種々の見積りが含まれております。当該引当方法の詳細は，「（連結財務諸表作成のための基本となる重要な事項）4 会計方針に関する事項（6）貸倒引当金の計上基準」に記載しております。なお，当行における当事業年度末の貸借対照表における貸倒引当金及び貸出金の計上額は，それぞれ641,107百万円，97,127,749百万円（前事業年度末は，それぞれ650,033百万円，90,421,234百万円）であります。

② 当連結会計年度の連結財務諸表に計上した金額の算出に用いた主要な仮定

　当行及び国内連結子会社では，適切な債務者区分の決定が行われるよう，信用リスクを評価するための統一的な基準として債務者区分と整合した信用格付制度を導入しており，原則として信用を供与している全ての取引先及びその取引を対象に内部信用格付を付与しております。内部信用格付のうち，一般事業法人等を対象とする債務者格付は，取引先の今後3〜5年間における債務償還能力を15段階で評価し分類したものです。当行及び国内連結子会社では，取引先の決算情報に基づく財務定量評価に加え，現時点及び将来の取引先が属する業界環境や，経営リスク，資金調達リスク等の定性要因を基に，内部信用格付を決定しております。この点，内部信用格付は，取引先が業績不振や財務的な困難に直面しており，将来の業績回復見込みや事業の継続可能性の判断に高度に依存して決定される場合があります。特に，COVID-19及びロシア・ウクライナ情勢の長期化影響等により，当行及び国内連結子会社における一部の取引先の財政状態及び経営成績には重要な影響が生じております。このような特定の取引先の将来の業績回復見込みや事業の継続可能性は，取引先企業内外の経営環境の変化による影響を受けるため，見積りの不確実性が高いものとなります。

また，当行では，主として貸倒実績又は倒産実績を基礎とした貸倒実績率又は倒産確率の過去の一定期間における平均値に基づき損失率を求め，これに将来見込み等必要な調整を加えて，損失率を算定しております。

　この過去実績を基に算定した損失率への将来見込み等による調整は，特に，COVID-19及びロシア・ウクライナ情勢の長期化影響等に起因する不透明な事業環境を踏まえ，最近の期間における貸倒実績率又は倒産確率の増加率を考慮する，又は予想損失額の追加計上を考慮する等により，必要と認められる場合に実施しております。当該調整による影響額は，69,569百万円（前事業年度末は77,572百万円）であります。

　このような期末日現在に保有する貸出金等の資産の信用リスクを捉えるための，過去実績を基に算定した損失率への将来見込み等による調整は，客観的な情報を入手することが困難な経済環境に係る見積りに基づいているため，見積りの不確実性が高いものとなります。

③　翌連結会計年度の連結財務諸表に与える影響

　内部信用格付は年1回以上の頻度で見直しを行っており，取引先の財政状態や業界環境の変化等による信用力変化を踏まえ，主要な仮定である取引先の将来の業績回復見込みや事業の継続可能性に対する判断が見直される場合があります。この結果，当行及び国内連結子会社における信用リスクが全体として増減していると判断した場合には，翌連結会計年度に貸倒引当金が増減する可能性があります。

　また，主要な仮定である過去実績を基に算定した損失率への将来見込み等による調整は，客観的な情報を入手することが困難な経済環境に係る見積りに基づいております。当該仮定は，経済環境の実勢を踏まえて変動するものであり，当該仮定の変化を受けて，翌連結会計年度に貸倒引当金が増減する可能性があります。

（米国会計基準を適用する一部の在外子会社における貸倒引当金）

①　当連結会計年度の連結財務諸表に計上した金額の算出方法

　米国会計基準を適用する一部の在外子会社については，ASC326「金融商品-信用損失」に従い，残存契約期間にわたって予想信用損失を見積り，貸倒引当金

を計上しております。当該引当方法の詳細は，「（連結財務諸表作成のための基本となる重要な事項）4 会計方針に関する事項（6）貸倒引当金の計上基準」の追加情報に記載しております。なお，米国会計基準を適用する主要な在外子会社における貸倒引当金及び貸出金の計上額は，それぞれ455,625百万円，6,773,525百万円（前連結会計年度末は，それぞれ430,156百万円，14,937,312百万円）であります。

② 当連結会計年度の連結財務諸表に計上した金額の算出に用いた主要な仮定

米国会計基準を適用する主要な在外子会社における予想信用損失は，リスクの特性が類似するポートフォリオ毎に，マクロ経済変数を用いて経済予測シナリオを反映する定量的測定モデルにより算定されております。マクロ経済変数には，過去の貸倒実績等の発生と相関する変数として，失業率，GDP等が含まれております。経済予測シナリオの不確実性に鑑み，複数の経済予測シナリオを利用しており，それらを一定のウエイト比率で考慮しております。複数の経済予測シナリオに係るマクロ経済変数及びそれぞれの経済予測シナリオに付与されるウエイト比率の決定には，直近の経済環境，会社内外のエコノミストの見解といった種々の要素が考慮されております。この点，複数の経済予測シナリオに係る特定のマクロ経済変数及びそれぞれの経済予測シナリオに付与されるウエイト比率の決定は，COVID-19及びロシア・ウクライナ情勢の長期化影響等に起因する不透明な事業環境による将来の経済環境に係る高い変動性と不確実性を伴うため，見積りの不確実性が高いものとなります。

また，予想信用損失の算定結果には，定量的測定モデルには反映されていない予想される信用損失を捕捉するために定性的な要因による調整が加えられております。特定の米国会計基準を適用する在外子会社においては，定量的測定モデルに利用されるマクロ経済変数に加えて，定性的な要因による調整が反映されております。そのため，当該定性的な要因による調整は，同様に見積りの不確実性が高いものとなります。

③ 翌連結会計年度の連結財務諸表に与える影響

複数の経済予測シナリオに係るマクロ経済変数及びそれぞれの経済予測シナリオに付与されるウエイト比率の決定，並びに，定性的な要因による調整は，客観

的な情報を入手することが困難な経済環境に係る見積りに基づいております。当該仮定は経済環境の実勢を踏まえて変動するものであり，当該仮定の変化を受けて，翌連結会計年度に貸倒引当金が増減する可能性があります。

2 デリバティブ取引の時価評価

(1) 当連結会計年度の連結財務諸表に計上した金額

当行グループは，顧客に対して為替・資金・証券サービスを提供する業務，並びに市場取引及び流動性・資金繰り管理を行う業務において，多種多量のデリバティブ取引を保有しております。当連結会計年度末の連結貸借対照表に計上したデリバティブ取引の種類毎の時価の内訳は，「(金融商品関係) 2 金融商品の時価等及び時価のレベルごとの内訳等に関する事項」に記載しております。

デリバティブ取引の時価は，内部規程として予め定めている時価の算定に関する方針，手続及び時価評価モデルの使用に係る手続等に則して算定されております。デリバティブ取引の時価を算定するにあたっての見積り及び主要な仮定には不確実性がありますが，有効な内部統制に基づき，客観性や合理性を確保した最善の見積りを行っております。デリバティブ取引の時価の算定プロセスの詳細は，「(金融商品関係) 1金融商品の状況に関する事項」及び「(金融商品関係) 2 金融商品の時価等及び時価のレベルごとの内訳等に関する事項 (注1) 時価の算定に用いた評価技法及びインプットの説明」に記載しております。

(2) 会計上の見積りの内容について連結財務諸表利用者の理解に資するその他の情報

① 当連結会計年度の連結財務諸表に計上した金額の算出方法

デリバティブ取引の時価は，取引所取引は取引所等における最終の価格，店頭取引は割引現在価値やオプション価格計算モデル等の評価モデルにより算出した価額によっております。評価モデルは市場適合性の観点から検証を実施しておりますが，その性質上見積りや仮定には，複雑性，不確実性及び判断が伴います。算出方法の詳細は，「(金融商品関係) 2 金融商品の時価等及び時価のレベルごとの内訳等に関する事項 (注1) 時価の算定に用いた評価技法及びインプットの説明」

に記載しております。

② 当連結会計年度の連結財務諸表に計上した金額の算出に用いた主要な仮定

　評価モデルに用いるインプットには為替レート，イールドカーブ，ボラティリティ，クレジットカーブ，株価等の市場で直接又は間接的に観察可能なインプットのほか，相関係数等の重要な見積りを含む市場で観察できないインプットを使用する場合もあります。当行グループでは，時価の算定に用いたインプットの観察可能性及び重要性に応じて，デリバティブ取引の時価を3つのレベルに分類しております。特に，算定した時価等について市場で観察できないインプットが重要な構成要素であることからレベル3に分類されるデリバティブ取引については，時価評価に用いる見積り及び仮定の複雑性，不確実性が高いものとなります。インプットに関する情報の詳細は，「（金融商品関係）2 金融商品の時価等及び時価のレベルごとの内訳等に関する事項（注2）時価をもって連結貸借対照表価額とする金融資産及び金融負債のうちレベル3の時価に関する情報（1）重要な観察できないインプットに関する定量的情報」に記載しております。

③ 翌連結会計年度の連結財務諸表に与える影響

　適切な検証を実施した上でデリバティブ取引に関する時価が合理的であると判断しております。ただし，これらの時価の算定に使用された主要な仮定には不確実性があります。特に，レベル3に分類されるデリバティブ取引については，時価評価に用いる見積り及び仮定の複雑性，不確実性が高いものであり，評価に用いるインプットが市場環境の変化等を受けて変化することにより，結果的に当行グループにおけるデリバティブ取引の時価が増減する可能性があります。インプットを変化させた場合の時価に対する影響の詳細は，「（金融商品関係）2金融商品の時価等及び時価のレベルごとの内訳等に関する事項（注2）時価をもって連結貸借対照表価額とする金融資産及び金融負債のうちレベル3の時価に関する情報（4）重要な観察できないインプットを変化させた場合の時価に対する影響に関する説明」に記載しております。

（会計方針の変更）

　（会計基準等の改正等に伴う会計方針の変更）

（時価の算定に関する会計基準の適用指針の適用）

　企業会計基準適用指針第31号「時価の算定に関する会計基準の適用指針」（2021年6月17日企業会計基準委員会。以下，「時価算定適用指針」という。）を当連結会計年度の期首から適用し，時価算定適用指針第27-2項に定める経過的な取扱いに従って，時価算定適用指針が定める新たな会計方針を将来にわたって適用することといたしました。当該適用指針の適用に伴う，当行の連結財務諸表への影響はありません。

　なお，「金融商品関係」注記の金融商品の時価のレベルごとの内訳等に関する事項における投資信託に関する注記事項においては，時価算定適用指針第27-3項に従って，前連結会計年度に係るものについては記載しておりません。

（未適用の会計基準等）

　企業会計基準第27号「法人税, 住民税及び事業税等に関する会計基準」（2022年10月28日企業会計基準委員会），企業会計基準第25号「包括利益の表示に関する会計基準」（2022年10月28日企業会計基準委員会）及び企業会計基準適用指針第28号「税効果会計に係る会計基準の適用指針」（2022年10月28日企業会計基準委員会）

　（1）概要

　　当該会計基準等は，その他の包括利益に対して課税される場合の法人税等の計上区分及びグループ法人税制が適用される場合の子会社株式等の売却に係る税効果の取扱いを定めるものであります。

　（2）適用予定日

　　当行は，当該会計基準等を2024年4月1日に開始する連結会計年度の期首から適用する予定であります。

　（3）当該会計基準等の適用による影響

　　当該会計基準等の適用による影響は，現在評価中であります。

（表示方法の変更）

（連結損益計算書関係）

前連結会計年度において，「法人税，住民税及び事業税」に含めていた「法人税等還付税額」は，金額の重要性が増したため，当連結会計年度より独立掲記することとしております。この表示方法の変更を反映させるため，前連結会計年度の連結財務諸表の組替えを行っております。

　この結果，前連結会計年度の連結損益計算書において，「法人税，住民税及び事業税」に表示していた286,737百万円は，「法人税，住民税及び事業税」300,237百万円，「法人税等還付税額」△13,499百万円として組み替えております。

（追加情報）
　（連結納税制度からグループ通算制度への移行）
　当行及び一部の国内連結子会社は，当連結会計年度から，連結納税制度からグループ通算制度へ移行しております。これに伴い，法人税及び地方法人税並びに税効果会計の会計処理及び開示については，実務対応報告第42号「グループ通算制度を適用する場合の会計処理及び開示に関する取扱い」（2021年8月12日企業会計基準委員会。以下，「実務対応報告第42号」という。）に従っております。また，実務対応報告第42号第32項（1）に基づき，実務対応報告第42号の適用に伴う会計方針の変更による影響はないものとみなしております。

2 財務諸表等

(1) 財務諸表 ···

① 貸借対照表

(単位：百万円)

	前事業年度 (2022年3月31日)	当事業年度 (2023年3月31日)
資産の部		
現金預け金	※4 87,398,956	※4 90,898,274
現金	907,785	923,438
預け金	86,491,171	89,974,835
コールローン	1,011,623	750,795
買現先勘定	※2 732,237	※2 1,326,697
買入金銭債権	3,765,016	※2 4,326,066
特定取引資産	※1 4,935,769	※1 6,306,376
商品有価証券	86,110	83,045
特定取引有価証券	68,468	79,232
特定取引有価証券派生商品	5,544	8,658
特定金融派生商品	2,562,235	2,579,436
その他の特定取引資産	2,213,410	3,556,003
金銭の信託	52,379	45,161
有価証券	※1,※2,※3,※4,※9 61,212,185	※1,※2,※3,※4,※9 72,253,876
国債	31,730,023	35,735,025
地方債	4,123,027	3,708,494
社債	3,677,697	3,622,473
株式	4,113,704	3,841,249
その他の証券	17,567,732	25,346,634
貸出金	※2,※3,※4,※5 90,421,234	※2,※3,※4,※5 97,127,749
割引手形	116,585	102,963
手形貸付	4,776,259	5,648,368
証書貸付	76,858,780	82,993,640
当座貸越	8,669,610	8,382,777
外国為替	※2,※3 1,813,205	※2,※3 1,726,923
外国他店預け	114,216	127,943
外国他店貸	74,701	57,589
買入外国為替	1,022,330	986,987
取立外国為替	601,954	554,403
その他資産	※3 7,527,866	※3 8,923,802
未決済為替貸	27,552	25,207
前払費用	15,751	31,301
未収収益	211,429	442,204
先物取引差入証拠金	98,514	102,820
先物取引差金勘定	－	654
金融派生商品	3,072,757	4,003,837
金融商品等差入担保金	1,021,714	486,923
その他の資産	3,080,146	3,830,850

	前事業年度 （2022年3月31日）	当事業年度 （2023年3月31日）
有形固定資産	※6 719,349	※6 699,817
建物	183,720	175,413
土地	472,271	458,577
リース資産	4,573	4,383
建設仮勘定	14,651	18,868
その他の有形固定資産	44,131	42,511
無形固定資産	365,782	454,137
ソフトウエア	230,628	282,943
のれん	25,054	40,246
その他の無形固定資産	110,099	130,917
前払年金費用	469,438	645,769
繰延税金資産	37,243	398,626
支払承諾見返	※3 7,826,011	※3 8,661,518
貸倒引当金	△650,033	△611,107
資産の部合計	267,638,266	293,904,485
負債の部		
預金	※4 183,356,877	※4 192,272,289
当座預金	21,433,328	23,778,583
普通預金	112,100,818	115,786,129
貯蓄預金	1,078,521	1,085,177
通知預金	3,161,055	3,389,404
定期預金	37,193,697	39,233,208
その他の預金	8,389,455	8,999,786
譲渡性預金	7,575,964	8,792,227
コールマネー	※4 287,401	23,449
売現先勘定	※4 9,752,120	※4 25,271,176
債券貸借取引受入担保金	—	※4 181,473
コマーシャル・ペーパー	1,321,859	1,834,968
特定取引負債	2,645,871	2,835,605
商品有価証券派生商品	—	141
特定取引有価証券派生商品	6,761	11,464
特定金融派生商品	2,639,109	2,823,999
借用金	※4,※7 36,532,121	※4,※7 33,356,232
借入金	36,532,121	33,356,232
外国為替	※2,※4 2,577,305	※2,※4 2,779,176
外国他店預り	2,440,894	2,216,132
外国他店借	25,509	52,227
未払外国為替	110,901	510,816
社債	※8 1,355,232	※8 1,284,731

	前事業年度 （2022年3月31日）	当事業年度 （2023年3月31日）
その他負債	5,296,077	7,564,963
未決済為替貸借	13,924	15,666
未払法人税等	43,031	139,539
未払費用	157,870	428,681
前受収益	19,116	27,365
給付補填備金	12	12
先物取引差金勘定	8,057	510
借入商品債券	21,557	81,701
金融派生商品	3,239,754	4,207,504
金融商品等受入担保金	583,682	705,895
リース債務	4,937	5,099
資産除去債務	20,789	19,390
その他の負債	1,183,342	1,933,597
賞与引当金	30,459	71,830
役員賞与引当金	153	148
株式給付引当金	3,749	3,705
退職給付引当金	7,091	14,444
ポイント引当金	1,166	1,174
偶発損失引当金	※10 87,530	※10 71,357
再評価に係る繰延税金負債	90,620	85,736
支払承諾	※4 7,826,011	※4 8,661,518
負債の部合計	258,747,613	285,106,212
純資産の部		
資本金	1,711,958	1,711,958
資本剰余金	3,878,275	3,878,275
資本準備金	1,711,958	1,711,958
その他資本剰余金	2,166,317	2,166,317
利益剰余金	2,616,656	3,306,434
利益準備金	190,044	190,044
その他利益剰余金	2,426,611	3,116,389
行員退職手当基金	2,432	2,432
投資促進税制積立金	－	260
別途積立金	718,196	718,196
繰越利益剰余金	1,705,982	2,395,500
自己株式	△645,700	△645,700
株主資本合計	7,561,189	8,250,967
その他有価証券評価差額金	1,280,620	854,922
繰延ヘッジ損益	△130,402	△176,124
土地再評価差額金	179,246	168,507
評価・換算差額等合計	1,329,464	547,305
純資産の部合計	8,890,653	8,798,272
負債及び純資産の部合計	267,638,266	293,904,485

② 損益計算書 ···

（単位：百万円）

	前事業年度 （自 2021年4月 1日 至 2022年3月31日）	当事業年度 （自 2022年4月 1日 至 2023年3月31日）
経常収益	2,557,193	4,799,567
資金運用収益	1,312,883	3,202,838
貸出金利息	812,651	1,826,196
有価証券利息配当金	330,888	834,551
コールローン利息	491	11,209
買現先利息	3,888	36,723
債券貸借取引受入利息	—	0
預け金利息	48,491	284,010
金利スワップ受入利息	70,446	—
その他の受入利息	16,027	210,146
役務取引等収益	583,518	681,922
受入為替手数料	139,705	133,101
その他の役務収益	443,812	548,820
特定取引収益	51,887	80,369
特定取引有価証券収益	—	5,121
特定金融派生商品収益	51,057	74,284
その他の特定取引収益	830	962
その他業務収益	257,799	191,359
外国為替売買益	116,163	218,547
国債等債券売却益	96,674	61,669
金融派生商品収益	43,020	208,459
その他の業務収益	1,910	2,682
その他経常収益	351,104	340,078
償却債権取立益	15,841	20,450
株式等売却益	308,758	256,280
その他の経常収益	26,504	63,346

	前事業年度 （自 2021年4月 1日 至 2022年3月31日）	当事業年度 （自 2022年4月 1日 至 2023年3月31日）
経常費用	2,150,136	3,895,822
資金調達費用	327,917	1,701,450
預金利息	80,546	745,390
譲渡性預金利息	14,037	210,128
コールマネー利息	467	3,116
売現先利息	17,776	223,629
債券貸借取引支払利息	－	3
コマーシャル・ペーパー利息	1,476	55,760
借用金利息	167,688	276,839
社債利息	29,223	48,901
金利スワップ支払利息	－	102,158
その他の支払利息	16,700	35,522
役務取引等費用	154,336	162,966
支払為替手数料	25,901	21,199
その他の役務費用	128,435	141,767
特定取引費用	2,641	1,607
商品有価証券費用	2,154	1,607
特定取引有価証券費用	486	－
その他業務費用	211,463	664,590
国債等債券売却損	208,771	655,675
社債発行費償却	203	53
その他の業務費用	2,488	8,861
営業経費	1,124,878	1,174,267
その他経常費用	328,899	190,940
貸倒引当金繰入額	200,894	99,132
貸出金償却	18,113	15,419
株式等売却損	28,394	25,697
株式等償却	9,809	6,289
金銭の信託運用損	10,299	7,688
その他の経常費用	61,387	36,712
経常利益	407,057	903,744
特別利益	24,639	437,287
固定資産処分益	24,639	11,140
負ののれん発生益	－	11,040
その他の特別利益	－	※1 415,106
特別損失	145,497	101,436
固定資産処分損	9,756	13,033
減損損失	135,697	5,043
その他の特別損失	43	※2 83,360
税引前当期純利益	286,198	1,239,594
法人税、住民税及び事業税	202,647	298,231
法人税等還付税額	△11,718	△43,483
法人税等調整額	△93,074	△30,607
法人税等合計	97,854	224,140
当期純利益	188,344	1,015,454

③ 株主資本等変動計算書

前事業年度（自　2021年4月1日　至　2022年3月31日）

（単位：百万円）

	株主資本									
		資本剰余金			利益剰余金					
							その他利益剰余金			
	資本金	資本準備金	その他資本剰余金	資本剰余金合計	利益準備金	行員退職手当基金	投資促進税制積立金	別途積立金	繰越利益剰余金	利益剰余金合計
当期首残高	1,711,958	1,711,958	2,166,317	3,878,275	190,044	2,432	―	718,196	1,871,943	2,782,616
当期変動額										
剰余金の配当									△365,067	△365,067
当期純利益									188,344	188,344
土地再評価差額金の取崩									10,762	10,762
投資促進税制積立金の積立										―
株主資本以外の項目の当期変動額（純額）										
当期変動額合計	―	―	―	―	―	―	―	―	△165,960	△165,960
当期末残高	1,711,958	1,711,958	2,166,317	3,878,275	190,044	2,432	―	718,196	1,705,982	2,616,656

| | 株主資本 | | 評価・換算差額等 | | | | 純資産合計 |
	自己株式	株主資本合計	その他有価証券評価差額金	繰延ヘッジ損益	土地再評価差額金	評価・換算差額等合計	
当期首残高	△645,700	7,727,150	1,812,832	167,610	190,008	2,170,452	9,897,602
当期変動額							
剰余金の配当		△365,067					△365,067
当期純利益		188,344					188,344
土地再評価差額金の取崩		10,762					10,762
投資促進税制積立金の積立		―					―
株主資本以外の項目の当期変動額（純額）			△532,212	△298,013	△10,762	△840,988	△840,988
当期変動額合計	―	△165,960	△532,212	△298,013	△10,762	△840,988	△1,006,949
当期末残高	△645,700	7,561,189	1,280,620	△130,402	179,246	1,329,464	8,890,653

当事業年度（自　2022年4月1日　至　2023年3月31日）

（単位：百万円）

	株主資本									
		資本剰余金			利益剰余金					
							その他利益剰余金			
	資本金	資本準備金	その他資本剰余金	資本剰余金合計	利益準備金	行員退職手当基金	投資促進税制積立金	別途積立金	繰越利益剰余金	利益剰余金合計
当期首残高	1,711,958	1,711,958	2,166,317	3,878,275	190,044	2,432	－	718,196	1,705,982	2,616,656
当期変動額										
剰余金の配当									△336,415	△336,415
当期純利益									1,015,454	1,015,454
土地再評価差額金の取崩									10,738	10,738
投資促進税制積立金の積立							260		△260	－
株主資本以外の項目の当期変動額（純額）										
当期変動額合計	－	－	－	－	－	－	260	－	689,517	689,777
当期末残高	1,711,958	1,711,958	2,166,317	3,878,275	190,044	2,432	260	718,196	2,395,500	3,306,434

	株主資本		評価・換算差額等				純資産合計
	自己株式	株主資本合計	その他有価証券評価差額金	繰延ヘッジ損益	土地再評価差額金	評価・換算差額等合計	
当期首残高	△645,700	7,561,189	1,280,620	△130,402	179,246	1,329,464	8,890,653
当期変動額							
剰余金の配当		△336,415					△336,415
当期純利益		1,015,454					1,015,454
土地再評価差額金の取崩		10,738					10,738
投資促進税制積立金の積立		－					－
株主資本以外の項目の当期変動額（純額）			△425,697	△345,722	△10,738	△782,158	△782,158
当期変動額合計	－	689,777	△425,697	△345,722	△10,738	△782,158	△92,380
当期末残高	△645,700	8,250,967	854,922	△476,124	168,507	547,305	8,798,272

【注記事項】
（重要な会計方針）

1　特定取引資産・負債の評価基準及び収益・費用の計上基準 ‥‥‥‥‥‥‥‥‥

　　金利，通貨の価格，金融商品市場における相場その他の指標に係る短期的な変動，市場間の格差等を利用して利益を得る等の目的（以下，「特定取引目的」という。）の取引については，取引の約定時点を基準とし，貸借対照表上「特定取引資産」及び「特定取引負債」に計上するとともに，当該取引からの損益（利息，売却損益及び評価損益）を損益計算書上「特定取引収益」及び「特定取引費用」に計上しております。

　　特定取引資産及び特定取引負債の評価は，時価法により行っております。

　　なお，特定取引目的のデリバティブ取引については，特定の市場リスク及び特定の取引相手先の信用リスクの評価に関して，金融資産及び金融負債を相殺した後の正味の資産又は負債を基礎として，当該金融資産及び金融負債のグループを単位とした時価を算定しております。

2　有価証券の評価基準及び評価方法 ‥‥‥‥‥‥‥‥‥‥‥‥‥‥‥‥‥‥‥‥

(1)　有価証券の評価は，満期保有目的の債券については移動平均法による償却原価法（定額法），子会社株式及び関連会社株式については移動平均法による原価法，その他有価証券については時価法（売却原価は主として移動平均法により算定），ただし市場価格のない株式等については移動平均法による原価法により行っております。

　　なお，その他有価証券の評価差額については，時価ヘッジの適用により損益に反映させた額を除き，全部純資産直入法により処理しております。

(2)　金銭の信託において信託財産を構成している有価証券の評価は，上記1及び2(1)と同じ方法により行っております。

　　なお，運用目的及び満期保有目的以外の金銭の信託の信託財産の構成物である有価証券の評価差額については，全部純資産直入法により処理しております。

3 デリバティブ取引の評価基準及び評価方法

デリバティブ取引（特定取引目的の取引を除く）の評価は，時価法により行っております。

なお，デリバティブ取引については，特定の市場リスク及び特定の取引相手先の信用リスクの評価に関して，金融資産及び金融負債を相殺した後の正味の資産又は負債を基礎として，当該金融資産及び金融負債のグループを単位とした時価を算定しております。

4 固定資産の減価償却の方法

（1） 有形固定資産（リース資産を除く）

有形固定資産の減価償却は，定率法を採用しております。

なお，主な耐用年数は次のとおりであります。

建物 ：15年～50年

その他：2年～20年

（2） 無形固定資産（リース資産を除く）

無形固定資産は，定額法により償却しております。

なお，自社利用のソフトウエアについては，行内における利用可能期間（主として3年～10年）に対応して定額法により償却しております。

（3） リース資産

所有権移転外ファイナンス・リース取引に係る「有形固定資産」及び「無形固定資産」中のリース資産は，リース期間を耐用年数とした定額法により償却しております。

なお，残存価額については，リース契約上に残価保証の取決めがあるものは当該残価保証額とし，それ以外のものは零としております。

5 収益の認識基準 ···

(1) 収益の認識方法 ···

　　顧客との契約から生じる収益は，その契約内容の取引の実態に応じて，契約毎に識別した履行義務の充足状況に基づき損益計算書に認識しております。

(2) 主な取引における収益の認識 ···

　顧客との契約から生じる収益は，収益認識の時期の決定に重要な影響を与える項目である履行義務の充足時期を以下のとおり判定しており，それぞれの経済実態を忠実に表現する収益認識方法となっております。

　取引の対価は取引時点で現金決済するものが大宗であり，それ以外の取引から認識した債権についても，1年以内の回収を原則としております。

　役務取引等収益のうち為替業務収益は，主として送金・振込手数料から構成され，決済時点で認識しております。

　役務取引等収益のうち預金業務収益は，主としてATM利用料，定期的な口座管理サービス手数料から構成され，ATM利用料は取引実行時点で認識，定期的な口座管理サービス手数料はサービス提供期間にわたって収益計上しております。

　役務取引等収益のうち貸出業務収益は，主としてシンジケートローンにおける貸付期間中の事務管理の対価や，取引先に対する金融・財務に関するアドバイスの対価から構成され，サービス提供期間にわたって収益計上しております。

　役務取引等収益のうち証券関連業務収益は，主として証券会社に対する当行顧客紹介や取引仲介の対価から構成され，証券会社が当行顧客にサービスを提供した時点で認識しております。

　役務取引等収益のうちカード関連業務収益は，主として加盟店手数料，フランチャイズからのロイヤルティ収益から構成され，加盟店手数料はクレジット売上データが到着した時点で収益を計上し，フランチャイズからのロイヤルティ収益等は，サービス提供期間にわたって収益計上しております。

6 外貨建の資産及び負債の本邦通貨への換算基準 ·······························

　外貨建資産・負債及び海外支店勘定は，取得時の為替相場による円換算額を付す子会社株式及び関連会社株式を除き，主として決算日の為替相場による円換

算額を付しております。

7　引当金の計上基準 ……………………………………………………………
(1)　貸倒引当金 …………………………………………………………………

　貸倒引当金は，予め定めている資産の自己査定基準及び償却・引当基準に則り，次のとおり計上しております。

　破産，特別清算，手形交換所における取引停止処分等，法的・形式的に経営破綻の事実が発生している債務者（以下，「破綻先」という。）に対する債権及び実質的に経営破綻に陥っている債務者（以下，「実質破綻先」という。）に対する債権については，下記直接減額後の帳簿価額から担保の処分可能見込額及び保証による回収が可能と認められる額を控除し，その残額を計上しております。今後，経営破綻に陥る可能性が大きいと認められる債務者（以下，「破綻懸念先」という。）に対する債権のうち，債権の元本の回収及び利息の受取りに係るキャッシュ・フローを合理的に見積ることができない債権については，債権額から担保の処分可能見込額及び保証による回収が可能と認められる額を控除し，その残額のうち，債務者の支払能力を総合的に判断して必要と認められる額を計上しております。破綻懸念先及び今後の管理に注意を要する債務者に対する債権のうち，債権の元本の回収及び利息の受取りに係るキャッシュ・フローを合理的に見積ることができる債権については，当該キャッシュ・フローを当初の約定利子率で割り引いた金額と債権の帳簿価額との差額を計上しております。

　上記以外の債権については，主として今後1年間の予想損失額又は貸出金の平均残存期間の予想損失額を見込んで計上しており，予想損失額は，1年間又は貸出金の平均残存期間の貸倒実績又は倒産実績を基礎とした貸倒実績率又は倒産確率の過去の一定期間における平均値に基づき損失率を求め，これに将来見込み等必要な調整を加えて算定しております。特定海外債権については，対象国の政治経済情勢等に起因して生じる損失見込額を特定海外債権引当勘定として計上しております。

　すべての債権は，資産の自己査定基準に基づき，営業部店及び審査所管部が資産査定を実施し，当該部署から独立した与信監査部署が査定結果を監査しており

ます。

　なお，破綻先及び実質破綻先に対する担保・保証付債権等については，債権額から担保の評価額及び保証による回収が可能と認められる額を控除した残額を取立不能見込額として債権額から直接減額しており，その金額は182,148百万円（前事業年度末は206,061百万円）であります。

（2）　賞与引当金 ....

　賞与引当金は，従業員への賞与の支払いに備えるため，従業員に対する賞与の支給見込額のうち，当事業年度に帰属する額を計上しております。

（3）　役員賞与引当金 ....

　役員賞与引当金は，役員への賞与の支払いに備えるため，役員に対する賞与の支給見込額のうち，当事業年度に帰属する額を計上しております。

（4）　株式給付引当金 ....

　株式給付引当金は，取締役等への株式報酬制度における報酬支払いに備えるため，取締役等に対する報酬の支給見込額のうち，当事業年度末までに発生していると認められる額を計上しております。

（5）　退職給付引当金 ....

　退職給付引当金は，従業員の退職給付に備えるため，当事業年度末における退職給付債務及び年金資産の見込額に基づき，必要額を計上しております。また，退職給付債務の算定にあたり，退職給付見込額を当事業年度末までの期間に帰属させる方法については給付算定式基準によっております。なお，過去勤務費用及び数理計算上の差異の費用処理方法は次のとおりであります。
過去勤務費用
　その発生時の従業員の平均残存勤務期間内の一定の年数（主として10年）による定額法により費用処理
数理計算上の差異

各事業年度の発生時の従業員の平均残存勤務期間内の一定の年数（主として10年）による定額法により按分した額を，それぞれ発生の翌事業年度から費用処理

(6) ポイント引当金

ポイント引当金は，「スーパーIC カード」等におけるポイントの将来の利用による負担に備えるため，未利用の付与済ポイントを金額に換算した残高のうち，将来利用される見込額を見積もり，必要と認められる額を計上しております。

(7) 偶発損失引当金

偶発損失引当金は，オフバランス取引や各種の訴訟や内外規制当局による検査・調査等に関して偶発的に発生する損失に備えるため，将来発生する可能性のある損失の見積額を計上しております。

8 リース取引の処理方法

（借手側）

所有権移転外ファイナンス・リース取引は，通常の売買処理に係る方法に準じて会計処理を行い，リース資産の減価償却の方法については，リース期間を耐用年数とした定額法によっております。残存価額については，リース契約上に残価保証の取決めがあるものは当該残価保証額とし，それ以外のものは零としております。

また，リース資産及びリース債務は，リース料総額から利息相当額の合理的な見積額を控除しない方法により計上しております。

9 ヘッジ会計の方法

(1) 金利リスク・ヘッジ

金融資産・負債から生じる金利リスクを対象とするヘッジ会計のヘッジ対象を識別する方法は，主として，業種別委員会実務指針第24号「銀行業における金融商品会計基準適用に関する会計上及び監査上の取扱い」（2022年3月17日日

本公認会計士協会。以下，「業種別委員会実務指針第24号」という。）及び会計
制度委員会報告第14号「金融商品会計に関する実務指針」（平成12年1月31日
日本公認会計士協会）に示されている取扱いによる包括ヘッジ又は個別ヘッジに
よっております。ヘッジ会計の方法は，繰延ヘッジによっております。

　固定金利の預金・貸出金等の相場変動を相殺するヘッジにおいては，個別に又
は業種別委員会実務指針第24号に基づき一定の残存期間毎にグルーピングして
ヘッジ対象を識別し，金利スワップ取引等をヘッジ手段として指定しております。
その他有価証券に区分している固定金利の債券の相場変動を相殺するヘッジにお
いては，同一種類毎にヘッジ対象を識別し，金利スワップ取引等をヘッジ手段と
して指定しております。ヘッジ対象とヘッジ手段に関する重要な条件がほぼ同一
となるようなヘッジ指定を行っているため，高い有効性があるとみなしており，
これをもって有効性の判定に代えております。

　変動金利の預金・貸出金等及び短期固定金利の預金・貸出金等に係る予定取
引のキャッシュ・フローを固定するヘッジにおいては，業種別委員会実務指針第
24号に基づき金利インデックス及び一定の金利改定期間毎にグルーピングして
ヘッジ対象を識別し，金利スワップ取引等をヘッジ手段として指定しております。
ヘッジ対象とヘッジ手段に関する重要な条件がほぼ同一となるようなヘッジ指定
を行っているため，高い有効性があるとみなしており，これをもって有効性の判
定に代えているほか，金利変動要素の相関関係の検証により有効性の評価を行っ
ております。

(2)　為替変動リスク・ヘッジ

　外貨建の金融資産・負債から生じる為替変動リスクに対するヘッジ会計につい
ては，業種別委員会実務指針第25号「銀行業における外貨建取引等の会計処理
に関する会計上及び監査上の取扱い」（2020年10月8日　日本公認会計士協会。
以下，「業種別委員会実務指針第25号」という。）に基づき，外貨建金銭債権債
務等を通貨毎にグルーピングしてヘッジ対象を識別し，同一通貨の通貨スワップ
取引及び為替予約（資金関連スワップ取引）をヘッジ手段として指定しており，
ヘッジ会計の方法は，繰延ヘッジによっております。

また，外貨建子会社株式及び外貨建関連会社株式並びに外貨建その他有価証券（債券以外）の為替変動リスクをヘッジするため，同一通貨の外貨建金銭債権債務及び為替予約をヘッジ手段として包括ヘッジ又は個別ヘッジを行っており，ヘッジ会計の方法は，外貨建子会社株式，外貨建関連会社株式の取得については繰延ヘッジ，外貨建その他有価証券（債券以外）については時価ヘッジによっております。

(3) 株価変動リスク・ヘッジ

　その他有価証券のうち，政策投資目的で保有する株式の相場変動リスクをヘッジするため，トータル・リターン・スワップをヘッジ手段として個別ヘッジを行っており，ヘッジの有効性評価については，ヘッジ対象の時価変動等とヘッジ手段の時価変動等との相関関係を検証する方法により行っております。ヘッジ会計の方法は，時価ヘッジによっております。

(4) 内部取引等

　デリバティブ取引のうち特定取引勘定とそれ以外の勘定との間（又は内部部門間）の内部取引については，ヘッジ手段として指定している金利スワップ取引及び通貨スワップ取引等に対して，業種別委員会実務指針第24号及び同第25号に基づき，恣意性を排除し厳格なヘッジ運営が可能と認められる対外カバー取引の基準に準拠した運営を行っているため，当該金利スワップ取引及び通貨スワップ取引等から生じる損益又は評価差額を消去せずに当事業年度の損益として処理し，あるいは繰延処理を行っております。

10　その他財務諸表作成のための基本となる重要な事項
(1) 退職給付に係る会計処理

　退職給付に係る未認識数理計算上の差異及び未認識過去勤務費用の未処理額の会計処理の方法は，連結財務諸表におけるこれらの会計処理の方法と異なっております。

(2) 消費税等の会計処理 ……………………………………………………

　消費税及び地方消費税（以下，「消費税等」という。）の会計処理は，税抜方式によっております。なお，有形固定資産に係る控除対象外消費税等は，発生した事業年度の費用に計上しております。

(3) グループ通算制度の適用 …………………………………………………

　当行は，株式会社三菱UFJフィナンシャル・グループを通算親会社とするグループ通算制度を適用しております。

(4) 手形割引及び再割引の会計処理 …………………………………………

　手形割引及び再割引は，業種別委員会実務指針第24号に基づき金融取引として処理しております。

（重要な会計上の見積り）

1　貸倒引当金の算定

(1)　当事業年度の財務諸表に計上した金額

　当事業年度末の貸借対照表に計上した貸倒引当金額は641,107百万円（前事業年度末は650,033百万円）であります。

(2)　会計上の見積りの内容について財務諸表利用者の理解に資するその他の情報

　連結財務諸表の「注記事項（重要な会計上の見積り）」に同一の内容を記載しているため，注記を省略しております。

2　デリバティブ取引の時価評価

(1)　当事業年度の財務諸表に計上した金額

　デリバティブ取引は，時価で算定され資産及び負債として計上しております。当事業年度末の貸借対照表に計上した，デリバティブ取引によって生じた正味の債権・債務の純額は，合計△451,176百万円（前事業年度末は△245,088百万円），うちレベル2は△596,260百万円（前事業年度末は△307,241百万円），うちレベル3は145,142百万円（前事業年度末は51,734百万円）であります。

なお，合計で正味の債務となる場合は，△で示しております。
(2)　会計上の見積りの内容について財務諸表利用者の理解に資するその他の情報連結財務諸表の「注記事項（重要な会計上の見積り）」に同一の内容を記載しているため，注記を省略しております。

（会計方針の変更）
　（会計基準等の改正等に伴う会計方針の変更）
　（時価の算定に関する会計基準の適用指針の適用）
　企業会計基準適用指針第31号「時価の算定に関する会計基準の適用指針」（2021年6月17日企業会計基準委員会。以下，「時価算定適用指針」という。）を当事業年度の期首から適用し，時価算定適用指針第27-2項に定める経過的な取扱いに従って，時価算定適用指針が定める新たな会計方針を将来にわたって適用することといたしました。
　なお，当該適用指針の適用に伴う，当行の財務諸表への影響はありません。

（表示方法の変更）
　（損益計算書関係）
　前事業年度において，「法人税，住民税及び事業税」に含めていた「法人税等還付税額」は，金額の重要性が増したため，当事業年度より独立掲記することとしております。この表示方法の変更を反映させるため，前事業年度の財務諸表の組替えを行っております。
　この結果，前事業年度の損益計算書において，「法人税，住民税及び事業税」に表示していた190,928百万円は，「法人税，住民税及び事業税」202,647百万円，「法人税等還付税額」△11,718百万円として組み替えております。

（追加情報）
　（連結納税制度からグループ通算制度への移行）
　当行は，当事業年度から，連結納税制度からグループ通算制度へ移行しております。これに伴い，法人税及び地方法人税並びに税効果会計の会計処理及び開示

については，実務対応報告第42号「グループ通算制度を適用する場合の会計処理及び開示に関する取扱い」(2021年8月12日企業会計基準委員会。以下，「実務対応報告第42号」という。) に従っております。また，実務対応報告第42号第32項 (1) に基づき，実務対応報告第42号の適用に伴う会計方針の変更による影響はないものとみなしております。

第2章

金融業界の "今" を知ろう

企業の募集情報は手に入れた。しかし，それだけでは
まだ不十分。企業単位ではなく，業界全体を俯瞰する
視点は，面接などでもよく問われる重要ポイントだ。
この章では直近1年間の運輸業界を象徴する重大
ニュースをまとめるとともに，今後の展望について言
及している。また，章末には運輸業界における有名企
業（一部抜粋）のリストも記載してあるので，今後の就
職活動の参考にしてほしい。

▶▶おカネで動かす，日本と世界

金融 業界の動向

> 「金融」とは，金融取引に関わる業務に携わる業種である。銀行，
> 信用金庫・信用組合，証券，消費者金融，政府系の機関などがある。

❖ メガバンクの動向

　都市銀行，長期信用銀行の再編で誕生した国内メガバンクには，三菱UFJフィナンシャル・グループ，みずほフィナンシャルグループ，三井住友フィナンシャルグループの3グループがある。それぞれ，信託銀行や証券会社，資産運用会社を傘下に持ち，総合金融グループを形成している。

　2016年2月，日本銀行によって導入されたマイナス金利政策によって，銀行の収益は縮小が続いている。デジタル化の波が到来し，銀行業界は大きな変化を迫られている。

　特に象徴的なのが店舗であり，ネットバンキングの登場で店舗の来店客数は大幅に減少している。各社は店舗削減に踏み切り，三菱UFJは2024年度末までに2018年に500店舗あった店舗を約300店舗までに削減，みずほも500拠点のうち130拠点を減らす見込みだ。三井住友は店舗数は減らさないが，全体の4分の3にあたる300店舗について軽量店に転換していく。

●「生産性革命」の流れは金融業界にも

　三菱UFJフィナンシャル・グループ，みずほフィナンシャルグループ，三井住友フィナンシャルグループの2023年3月期連結決算は，純利益が3グループ合計で前期比5％増加した。新型コロナウイルス禍からの経済回復を受けて，国内外で貸し出しが伸びたことが原因だ。

　各メガバンクはその利益の4割前後を海外で稼いでおり，国内業務での収益の落ち込みを海外で補っていることから，国内業務の効率化やリストラが求められている。また，AIやフィンテックと呼ばれる金融IT技術により，従来の銀行業務そのものも減少。とくに資金決済など，銀行が担ってきた

業務が新しい仕組みに置き換わりつつあることも背景にある。コロナの影響は和らいできているものの，米金利の高止まりによる貸し倒れ増加のリスクは燻っており，各社ともに慎重な構えを見せている。

　業界内では再編の動きも活発化している。三井住友フィナンシャルグループとりそなホールディングスは，2018年4月，傘下の関西地銀3行を経営統合。みずほフィナンシャルグループと三井住友トラスト・ホールディングスも，2018年10月にJTCホールディングスを設立。その後JTCホールディングスは日本トラスティ・サービス信託銀行、資産管理サービス信託銀行と統合，2020年に日本カストディ銀行が発足した。

　また，グループ内でも，業務効率性，ガバナンス強化を含めた機能別再編が行われている。三井住友フィナンシャルグループでは，傘下のSMBC日興証券とSMBCフレンド証券を合併。三菱UFJフィナンシャル・グループでは，2018年4月に信託銀行の法人融資業務を銀行部門へ移管，その一方で，投信運用会社は証券会社などから信託銀行傘下へシフトさせる。同じような動きは，みずほフィナンシャルグループでも起こっている。

❖ 地方銀行の動向

　全国の都道府県を基本的な営業基盤とする「地方銀行」は，社団法人地方銀行協会に加盟する62行と，前身が相互銀行で社団法人第二地方銀行協会に加盟する37行の「第二地銀」で，合わせて99行ある。

　の2023年3月期決算における地銀100行のコア業務純益は1兆6818億円と昨年に比べて約10％増加したが，有価証券の含み損の処理で債券関係損益が6385億円の損失。結果，純利益は8776億円と約2.7％の微増となった。

　さらに，地方では地元工場の海外移転，少子高齢化に伴う人口減少が進む地域も多く，銀行間の競争も激化している。加えて，金融庁は，地銀に対して，不動産などの担保や保証を元に機械的に貸し出しの可否を判断するのではなく，企業の事業内容や将来性を踏まえた「事業性評価」に基づいて融資する「顧客本位の業務運営（フィデューシャリー・デューティー）」を求めており，地方創生における地銀の力に期待もしている。収益環境の改善を図りつつ，地域経済の活性化に寄与する，この期待にどのように応えていくか，地銀の知恵が問われている。

●経営効率の改善を目指した統合，グループ化と抱える課題

　金融庁は地方の金融システムを維持するため，再編や統合を含めた経営改善を求めており，地銀も収益環境の改善に向け，都道府県をまたいだ広域での連携，グループ化を模索，地銀同士の再編や連携の動きが加速している。

　2018年5月には，東京TYフィナンシャルグループと新銀行東京が合併し，きらぼし銀行に，2019年4月にはふくおかフィナンシャルグループと十八銀行の経営統合がなされた。2020年10月にも長崎県の十八銀行と親和銀行が合併し十八親和銀行となった。2021年も1月に新潟県の第四銀行と北越銀行が合併し第四北越銀行に，5月に三重県の第三銀行と三重銀行が合併し三十三銀行となった。22年4月にも青森銀行とみちのく銀行が経営統合。さらに10月には愛知銀行と中京銀行も経営統合を行った。23年6月には八十二銀行と長野銀行が経営統合，横浜銀行も神奈川銀行を完全子会社化した。さらに10月にはふくおかフィナンシャルグループが福岡中央銀行を完全子会社化した。

　再編の動きは今後も続いていく見込みだ。一時は県内シェアの高まりから公正取引委員会が統合に難色を示していたが，政府が独占禁止法の除外を認める特例法を定めたことで後押しする形となった。

❖ 信用金庫・信用組合の動向

　信用金庫・信用組合は，出資者である会員，組合員から預金を集め，中小の事業主や個人に融資を行う。営業エリアが限定されており，出資者の相互扶助を目的とする非営利団体で，全国に信用金庫が254，信用組合が143ある。

　非営利団体とはいえ金融機関である以上，健全な経営が必須となる。信用金庫全体の預貸率（預金に対する貸出金の比率）は，2014年4月以降，5割を下回る状況が続き，2017年3月，3年ぶりに5割を回復したが，引き続き収益環境は厳しい状況にある。そのため，地銀やメガバンク同様，再編の動きが活発化している。北海道では，2017年1月に江差信金と函館信金が合併した。2018年1月には札幌信金と北海信金，小樽信金が合併して，北海道信金が発足。預金額は1兆円を超えた。また，同時期，宮崎でも，

宮崎信金と都城信金が合併し，宮崎都城信金が発足した。岡山県の備前信金と日生信金も2020年2月に統合し備前日生信用金庫となった。2020年9月にも北陸信用金庫と鶴来信用金庫が合併し，はくさん信用金庫となった。

　地域と密接に結びつく信金・信組にとって地方創生は死活問題であり，地元の中小企業やベンチャー企業の支援に力を入れているところも増えている。地域経済活性化支援機構（REVIC）と組んでファンドを設立したり，企業の課題を解決するライフステージ別サポートプログラムの提供，インバウンド需要の取り込みに係る支援，また，農林水産業の6次産業化支援など，新しい試みを実施している。

❖ 証券会社の動向

　証券会社には，野村ホールディングス，大和証券ホールディングスといった独立系大手と，三大メガバンク系列，中堅各社，ネット系といったグループがある。主な収入源は，個人向けでは，顧客が株式売買で負担する手数料や投資信託の販売に係る手数料などが，法人向けでは増資や社債発行時の手数料，M&Aのアドバイス料などとなる。

　投資信託では，投資家から資金を預かり，投資判断，売買，コンサルティングなどを包括的に行う「ラップ口座」や，積み立て投資信託など，相場動向に左右されず，資産残高に応じて収入が得られる資産管理型ビジネスを強化している。メガバンク系列では，銀行と連携し，その顧客を取り込むなど，資産残高を増すために知恵を絞っている。

●大型M&Aにおいて，フィナンシャル・アドバイザーに

　メガバンク系の証券会社は，海外企業がからむM&A（合併・買収）にかかわる業務も増えている。みずほ証券は，ソフトバンクグループが3兆3000億円で英国の半導体企業アームを買収する際，財務アドバイザーを担当する1社となった。三菱UFJモルガン・スタンレー証券も，コマツによる米ジョイ・グローバル社の買収やキヤノンによる東芝メディカルシステムズの買収など，大型M&Aにおいてフィナンシャル・アドバイザーを努めている。

　また銀行と同じく，証券会社でも業界再編の動きが目立つ。2017年3月には，東海東京フィナンシャル・ホールディングスが，大阪の高木証券を完全子会社化したほか，地方銀行と合弁で各地に証券会社を設立する計画

を進めている。2018年1月には，三井住友フィナンシャルグループが，傘下のSMBC日興証券とSMBCフレンド証券を合併。7月には中堅の藍澤証券が，日本アジア証券を買収・合併した。

❖ 流通系・ネット銀行の動向

リアルな店舗を持たずに，インターネット上で営業するネット銀行は，自由な取引時間や手数料の安さのほか，ネットやカードに関連したサービスに対する強みを活かして，若年層を中心に利用者を増やしている。コロナ禍で若年層の投資家が増え，口座連結するネット証券での金融商品の決算用に使う利用者が増えていることが要因のひとつと考えられる。

●フィンテック革命で進む，API接続

ネット銀行においては，世界規模で進むフィンテック革命が，追い風となることは間違いない。フィンテックは，金融（Finance）と技術（Technology）を組み合わせた米国発の造語で，スマートフォンを使った決済や資産運用，ビッグデータ，人工知能（AI）などを活用した金融サービスのことを指す。

運用においては，銀行システムを外部のサービスと接続するための「API」（アプリケーション・プログラミング・インターフェース）がポイントとなる。金融機関ではこれまで，セキュリティ，正確なデータの保存などの観点から，外部のソフトウエアとのデータ連携には積極的ではなかった。しかし，効率的に顧客の多様なニーズに応える新たなサービスを提供するには，外部との連携が不可欠であり，自行のAPIを公開する「オープンAPI」の動きも高まっている。住信SBIネット銀行は2016年，銀行システムを外部のサービスと接続するためのAPIを日本で初めて公開した。ジャパンネット銀行もまた，同様の取り組みを積極的に進めている。このように，最新のIT技術を駆使して，金融業界のあり方を「安く，早く，便利に」変えていこうとする動きが活性化している。

❖ ネット証券会社の動向

　現在，個人の株式投資のうち，実に8割がネットを通じた取引といわれている。ネット証券では，SBI証券と楽天証券が2強で，ネット取引の安さと自由さを武器にリテールでシェアを拡大してきた。2024年からは新NISAが開始されるなど，業界への注目度は高まっている。

　順調に成長してきたネット証券業界だが，楽観視できない状況もある。業界では取引手数料の引き下げ競争が激化。SBI証券は2023年度に手数料の無料化に踏み込んだ。収益モデルの変更に回らざるをえない会社にとっては苦境が続くとみられる。

●FTX破綻の影響大きく　復活の途上

　ネット上でやり取りする暗号資産。2009年に登場したビットコイン以降，その種類は増え続けており，暗号資産を投機目的で保有している人は珍しい存在ではなくなった。

　2020年には120兆円にせまる国内取引額だったが，2022年の世界大手の交換所，FTXの経営破綻。さらにはFTXの創業者が詐欺罪で有罪判決をうけるなど，暗号資産への信頼が劇的に下がった。2022年度の取引額は約25兆円と前年比で6割減。相場が一変した影響が大きくあらわれた。

　しかし価格は底打ちし，国内交換所の業績は好転。メルカリ子会社のメルコインなどはサービス開始から3カ月で50万人が口座を解説するなど明るい材料も多い。

金融業界

直近の業界各社の関連ニュースを
ななめ読みしておこう。

福井銀行、福邦銀行を合併へ　まず24年に完全子会社化

福井銀行は10日、子会社の福邦銀行（福井市）を合併する方針を発表した。2024年までに株式交換を完了させ、26年には2行体制となっている福井銀行と福邦銀行の合併を目指す。統合でシステムや人材配置の最適化を行い、グループ化している2行のシナジー（相乗効果）の最大化を目指す。

両行は10日、福邦銀行の完全子会社化に向けた基本合意書を締結した。24年6月の株主総会で承認されれば同年10月に完全子会社化を完了する。26年には両行を合併して単一ブランドにする方針も明らかにした。合併後の名称については未定としている。

福井銀行は21年、福邦銀行の第三者割当増資を引き受ける形で同行を連結子会社化していた。2行体制のもと人材交流などを進めたが、合併でさらに人材配置を効率化する。福井銀行の長谷川英一頭取は記者会見で「人材の融和は進んでいる。合併によってグループのシナジーを最大化する」と説明した。

10日に発表した23年4〜9月期の連結決算では、純利益が前年同期比11%減の17億円だった。野村証券との事業提携にともなう先行投資の費用や外貨の調達コストの増加などを計上し、福井銀行単体の投信解約損益をのぞいたコア業務純益が前年同期比31%減の20億円だった。

（2023年11月10日　日本経済新聞）

住宅ローン、ネット銀行が主役　低金利競争で3メガ苦戦

住宅ローンの担い手が大手銀行からネット銀行に移っている。3メガバンクグループの有価証券報告書によると、2023年3月末時点の貸出残高の合計は33.4兆円と10年間で約10兆円減少した。代わりに台頭しているのがネット

銀行で、店舗に依存しない低コスト経営を武器に激しさを増す低金利競争を
リードしている。

ネット銀行の中でも勢いがあるのが、3月末に上場した住信SBIネット銀行だ。
22年度の住宅ローン新規実行額は1.4兆円で、それぞれ1兆円以下の3メガ
バンクを大幅に上回った。人工知能（AI）を駆使することで審査にかかる費用
を抑えている。

実際、同行の変動型の新規貸出金利は0.32％と、3メガバンクで最も低い三
菱UFJ銀行の0.345％を下回る。借り換えの場合は0.299％まで下がる。貸
出残高も3月末時点で5.3兆円とみずほ銀行の7.5兆円に近づいている。

auじぶん銀行は22年3月から23年6月の1年3カ月の新規実行額が1兆円
程度に増えた。同行はKDDIの通信サービスと電気を契約すれば、変動型金利
が新規で0.219％、借り換えで0.198％まで下がる。PayPay銀行も新規の
借入金利を0.319％、借り換えを0.29％に下げるキャンペーンを始めた。

ネット銀行の攻勢を受け、メガバンクは戦略の再構築を余儀なくされている。
「住宅ローンはコモディティー化しており、今後は脱力していく」。みずほフィ
ナンシャルグループの木原正裕社長は、5月の新中期経営計画の説明会で住宅
ローンの拡大路線を転換すると述べた。22年度の新規実行額は4300億円と
前の年度比で14％減り、22〜25年度は残高を数兆円規模で削減する。

三菱UFJ銀行は22年度の新規実行額が7000億円強と前の年度比で1割減っ
た。契約時に指定した期間がたつとローンの残高と同額で住宅を売却できる「残
価設定型住宅ローン」の取り扱いを3月から始めるなど商品内容で工夫を凝ら
す。三井住友銀行も店舗削減やデジタル化にカジを切り、残高が減少する時期が続
いた。ただ、コスト削減が一巡したこともあり、22年度の新規実行額は
9857億円と3年連続で増加。個人向け総合金融サービス「Olive（オリーブ）」
で住宅ローン契約者にポイントを上乗せするなど反転攻勢をかけている。

ほかの大手銀行も試行錯誤を繰り返している。りそなホールディングスは住宅
ローンの残高を26年3月末までに1兆円増やす目標を掲げた。断熱性能の高
い低炭素住宅を金利優遇の対象に加えるなど環境配慮型に特化する。三井住
友信託銀行はローン契約者の自筆証書遺言を無料で預かるなど信託の強みを生
かす。

変動型金利の引き下げ競争は終わりが見えない。モゲチェックによれば、7月
のネット銀行の変動型金利の平均は0.386％と過去最低を更新した。auじぶ
ん銀行や住信SBIネット銀行は、グループ内の生命保険会社と連携して団体信
用生命保険（団信）の拡充に動くなどさらなる差別化に動いている。

住宅ローンは競争激化による利ざやの縮小で、メガバンクにとってもうからない商品になりつつある。それでも資産運用や保険といった顧客との継続的な取引の起点になることを考えれば、撤退するわけにもいかない。メガバンクは正念場を迎えている。

（2023年7月10日　日本経済新聞）

３メガ銀、新卒採用８年ぶり増　三井住友は専門コース３倍

メガバンクが８年ぶりに新卒採用を増やす。３メガの2024年入行の採用計画は合計で約1200人強と23年比で１割増える。三井住友銀行はデータ分析などの専門コースの採用を３倍超にする。支店の統廃合などを背景に新卒採用を減らしてきたが、デジタル人材を中心に採用増にかじを切る。新事業の創出やリスク管理の強化に加え、大量採用世代の退職を見据えて人員を補強する側面もある。

３メガの採用数は直近ピークの16年卒で5000人を超えたが、その後は右肩下がりで23年卒は約1070人まで減った。ネットバンキングの普及や店舗統廃合により、新卒を大量採用して全国に配置する必要性が薄れたためだ。24年入行は一転して三井住友銀行と、傘下の銀行や信託銀行などをまとめて採用するみずほフィナンシャルグループ（FG）が人数を増やす。

三井住友銀行の24年入行は、23年比で３割増の465人を計画する。リスクアナリストやデータサイエンス、サイバーセキュリティーの３つのコースを新設した。専門コースの採用数は40人前後を目標とし、23年比で３倍超にする。三井住友の菅家哲朗・人事部採用グループ長は「専門に勉強した人や長期インターンをしていた人など即戦力となる人材を専門コースで集めたい」と話す。

みずほFGは銀行と信託銀行に、IT（情報技術）システムのコースと事務効率化を企画するコースを新たに設けた。学生の希望に沿ってキャリアを決めたうえで採る「オーダーメード型」も新設。キャリアを特定する採用は23年比6割増の210人を計画し、全体では500人と３割増える見通し。

りそな銀行と埼玉りそな銀行も計545人と４割増やす。三菱UFJ銀行は全体の採用数は減るが、グローバルやデジタル、財務会計など専門コースの採用数は23年比5割増の100人程度を目指す。

（2023年4月6日　日本経済新聞）

3メガ銀、合併後最大の賃上げへ　三井住友はベア2.5%

3メガバンクが2023年度に、基本給を底上げするベースアップ（ベア）をそろって実施する。3行が同時にベアに踏み切るのは8年ぶり。三井住友銀行は29日に2.5%のベアを決め、従業員組合の要求に満額回答した。足元の物価上昇に加えて他業種との人材争奪も激しくなるなか、3メガ銀は2000年代の合併で誕生してから最大の賃上げに踏み切る。

三井住友銀行とみずほ銀行は合併後で最大となる2.5%のベアに踏み切る。三菱UFJ銀行は上げ幅を非公表としているが、賞与を含む総支払額の引き上げを合併後最大となる2.7%実施する方針だ。

りそな銀行と埼玉りそな銀行は、このほどベアと定期昇給を合わせて約5%の賃上げ実施を組合に回答した。非正規を含む全社員が対象となる。

ベアだけでなく、研修や手当を組み合わせて従業員への還元も増やす。三井住友銀行は定昇や賞与、教育・研修などの人的資本投資で実質7%の賃上げにあたる待遇改善を実施。みずほ銀行も同様の施策で6%の待遇改善をする。三菱UFJ銀行は昇格・登用、支援金などを合わせて実質的に平均7%超の賃上げをする。

（2023年3月29日　日本経済新聞）

横浜銀行「県内顧客基盤広げる」　神奈川銀行と経営統合

コンコルディア・フィナンシャルグループ（FG）傘下の横浜銀行と神奈川銀行は3日、経営統合することで合意した。合併はせず神奈川銀行を横浜銀行の完全子会社とすることを目指す。横浜銀は県内の中堅企業以上を、神奈川銀が中小零細企業を担い、県内の顧客基盤のさらなる強化を図る。関東で初めての「一県一グループ」体制となる。

横浜銀の片岡達也頭取は3日の記者会見で「神奈川県内の顧客基盤を拡大し対面営業を強化する。資本や人材など経営資源を集約し、経営基盤の強化をはかる」と経営統合の意図を説明した。神奈川銀の近藤和明頭取は「グループ内の資金融通などで積極的な融資に踏み切れるようになる」と期待をにじませた。

神奈川銀は1953年神奈川相互銀行として設立され、89年に普通銀行に転換した第二地方銀行だ。2022年3月時点で34ある本支店は全て県内にあり、

名実ともに神奈川県を地盤としている。

横浜銀は7.76％（22年3月末）を出資する大株主で、これまでも神奈川銀との連携を深めてきた。相互ATMの手数料優遇や、SDGs（持続可能な開発目標）関連の融資商品のノウハウの提供など個々の業務での提携を進めていた。横浜銀の出身者が神奈川銀の経営陣に派遣されることも多く、近年では横浜銀出身者が頭取に就任することが続いていた。

（2023年2月3日　日本経済新聞）

ネット証券が戦略転換、富裕層も　マネックスは専業会社

インターネット証券があまり力を入れてこなかった富裕層ビジネスを強化する。マネックスグループは専業会社を立ち上げた。SBIホールディングスは銀行との共同店舗を軸に顧客を開拓する。営業拠点や担当者を置き、リアルで顧客を増やす。株式売買などの手数料を下げてネットで個人投資家を取り込む戦略には限界が見えており、収益の多角化を急ぐ。

SBIや楽天証券は口座数で野村証券を上回る規模に成長し、足元でも口座開設の伸びは高水準だが、新規客は投資信託の積み立てなど少額の利用者であることが多い。顧客は増えても利益にはつながりにくい。そこで多額の預かり資産を見込める富裕層にも照準を合わせる。

保有する金融資産がおおむね1億円を超える日本の富裕層人口は世界で2番目に多く、資産額は10年間で7割増えた。成長市場とみて経営資源を割り振る。後発のネット証券がシェアを取るのは容易ではない。

マネックスは21年に富裕層向けの事業を始め、22年10月にマネックスPBとして分社化した。商品やシステムはグループの共通基盤を活用して富裕層営業に特化する。22年11月に東京に次ぐ2カ所目の拠点を名古屋市に開いた。担当者も増やして営業を強化する。

地域金融機関との提携で事業を伸ばす。地方にいる中小企業経営者や不動産オーナーなどの資産家に対して、地域金融機関は資産運用や事業承継の需要をとらえきれていない。マネックスPBの足立哲社長は「大阪や福岡にも拠点をつくって全国をカバーする体制を整えたい」と話す。

SBIは銀行との共同店舗「SBIマネープラザ」を軸に富裕層を開拓する。2月にSBI新生銀行との共同店舗を東京・銀座に開く。東和銀行や清水銀行など出資先との共同店舗も全国に展開してきた。新規株式公開（IPO）支援などを通し

て取引する企業オーナーらの資産運用ニーズを取り込んでいく。

楽天証券は富裕層向けの営業部隊を自社に持たない。提携する約120の金融商品仲介業者を通して富裕層向けに運用をプロに任せる商品などを提供する。仲介業者を経由した預かり資産残高は1兆円を超えた。

ネット証券が実店舗を運営すればコストがかかる。ネット証券は金融商品の幅広いラインアップを強みにする一方、富裕層向けサービスのノウハウは大手金融機関に比べ見劣りする。経験者を中途採用するなどして体制の整備を急ぐ。

（2023年1月25日　日本経済新聞）

八十二銀と長野銀が統合合意、システムは八十二銀に

八十二銀行と長野銀行は20日、経営統合で最終合意したと発表した。今後、長野銀株1株に八十二銀株2.54株を割り当てる株式交換を実施。6月1日付で八十二銀が長野銀を完全子会社にした後で早期に合併する。長引く低金利や高齢化の加速など地域金融機関の稼ぐ力が衰えるなか、経営基盤をより強固にして生き残りを目指す。

両行が同日開いた取締役会で統合を決議した。東洋大学国際学部の野崎浩成教授は、直近の株価などをもとに決められた株式交換比率について「市場の評価と整合しており妥当な結果と考えられる」とした。長野銀が3月24日に開催予定の臨時株主総会で承認を受けたうえで実施する。長野銀は5月30日付で上場廃止となる。

完全子会社化後の早い段階で両行は合併する計画。22年9月末の統合方針発表時には合併時期を「約2年後をメド」としていたが、八十二銀の松下正樹頭取は20日の会見で「より早く統合効果を出すためにもできるだけ早期に合併したい」と話した。

合併で重要な基幹システムについては現在、八十二銀が日本IBM、長野銀はNTTデータのシステムを活用している。松下頭取は「八十二銀には関連会社を含めて300人のシステム要員がおり、八十二銀のシステムを基本にしていく」と説明した。

（2023年1月20日　日本経済新聞）

▶労働環境

職種：**法人営業**　　年齢・性別：**20代後半・男性**

・実績をあげていれば有給取得や定時帰り等はスムーズにできます。案件が立て込むときと，閑散期とで残業時間は大きく変わります。
・年間を通した進行が見通せれば，自分の予定を立てやすいです。
・休日出勤は案件によっては必要になる場合もあります。

職種：**個人営業**　　年齢・性別：**30代後半・女性**

・総合職として入社すると3カ月間に渡る新入社員研修があります。
・FPや証券アナリスト講座などを受ける機会が定期的にあります。
・業務は多忙ですが，資格を取得しておけばその後の人生に有利かと。
・語学に自信があれば社内選考に挑戦し海外赴任という道もあります。

職種：**外商**　　年齢・性別：**20代前半・男性**

・仕事は全てトップダウンで決められていきます。
・経営陣からブロック長，支店長と上から目標が与えられてきます。
・コンプライアンスに関して厳しく，手続等細かく決められています。
　自分で工夫を行う余地は少なく，体育会系気質の会社と言えます。

職種：**経営幹部**　　年齢・性別：**30代前半・男性**

・大企業なだけあって休暇日数は多め，有給休暇も取りやすいです。
　連続休暇制度も整っており，毎年旅行に行く社員も多いみたいです。
　支店であれば20時までには帰らされ，土日出勤もほぼありません。
・業務量は非常に多いので，退社時間は個人の実力次第となります。

▶ 福利厚生

職種：個人営業　　年齢・性別：20代後半・男性

- 日本や海外にも保養所があるなど，福利厚生は充実しています。
- 年に2回のリフレッシュ休暇（土日を含めて9連休）があります。
- 資格取得のための費用は全て会社が持ってくれます。
- 転勤が多いため，家賃はほぼ全額会社が負担してくれます。

職種：投資銀行業務　　年齢・性別：20代後半・男性

- 2カ月に1回有給休暇が取れるスポット休暇という制度があります。
- 住宅補助については独身寮と，借り上げ社宅制度があります。
- 独身寮は安くていいのですが，プライベートは全くないと言えます。
- 労働時間については，1日あたり12時間程度はあります。

職種：個人営業　　年齢・性別：20代後半・男性

- 福利厚生はとても充実していると思います。
- 土日を合わせて9連休が1回，5連休が1回，毎年必ず取れます。
- 年間5回まで取れる，1日スポットの休暇もあります。
- 住宅補助は職階にもよりますが，最低でも家賃の3分の2が出ます。

職種：個人営業　　年齢・性別：20代後半・女性

- 財形貯蓄や出産育児支援等，福利厚生はしっかりしています。
- 有給休暇は初年度より20日間付与されるため，休みは多いです。
- 有給休暇以外に連続5日間（土日含めて9日間）の休暇も取れます。
- 食事補助もあるので，食堂があれば一食300円以下で食べられます。

▶仕事のやりがい

職種：経営幹部　　年齢・性別：30代前半・男性

・日本経済の原動力となっている中小企業を顧客としていることです。
・経営者の想いや事業にかける情熱に触れられるのは貴重な経験です。
・信頼関係を基に，企業の根幹を支える必要資金の供給を行います。
・事業成長のためのソリューションを提供できたときは感慨一入です。

職種：法人営業　　年齢・性別：20代後半・男性

・ホールセール営業の規模も大きくとてもやりがいがあります。
・やる気と仕事効率がよければ上司も期待値を込め評価してくれます。
・人間関係はめぐり合わせと思えれば，楽しい環境に感じられるはず。
・同期入社と比べられることも多いですが，仲間の存在は心強いです。

職種：個人営業　　年齢・性別：20代後半・男性

・扱う金額が大きいのでかなり刺激的な仕事だと思います。
・なかなか出会えないような経営者や高額納税者と仕事ができます。
・信頼を勝ち取って取引につながったときのやりがいは大きいです。他
　の業界ではあまり経験できないことだと思います。

職種：個人営業　　年齢・性別：20代後半・男性

・評価制度が透明で，ワークライフバランスも適度に調整できます。
・社員の雰囲気も良く，社内の風通しが非常に良いです。
・繁忙期に数字を達成した時には，非常にやりがいを感じます。
・社会貢献度も高く，前向きに仕事ができる環境だと思います。

▶ブラック？ホワイト？

職種：営業　　年齢・性別：30代後半・男性

・出世は，大卒で就職したプロパーが最優先です。
・中途採用者は全体の2%程度で，専門職の穴埋めという位置です。
・人事を決める役員・部長クラスには中途採用者はほぼいません。
・管理職になれなくても，給与はそれほど悪くはありません。

職種：法人営業　　年齢・性別：20代後半・男性

・昭和的な企業文化が色濃く残っており，出る杭は打たれやすいです。
・結果が出せれば，希望する職種・仕事への挑戦も認められます。
・法人営業で数字が出せない場合，体育会系の詰めがある場合も。
・逆境に耐えられるメンタルの強さが必要だと思います。

職種：個人営業　　年齢・性別：20代後半・女性

・営業職でがんばっていこうと思っている人にはいい会社です。
・成果は厳しく，イエスマンでなければ出世は望めないようです。
・営業職は給与に男女差はないので女性も働きやすいです。
・事務方は気配り根回し上手でないと出世はかなり狭き門のようです。

職種：営業　　年齢・性別：30代前半・男性

・社風は体育会系で，先輩の命令は絶対，縦の規律が厳しいです。
・営業数字，すなわち結果がすべてで，過程は評価されません。
・優先順位は，会社のため＞自分自身のため＞お客のためが鉄則です。
・社内のイベントは参加必須で，不参加なんてありえません。

▶女性の働きやすさ

職種：事務管理　　年齢・性別：20代後半・女性

・出産育児休暇，時短勤務については制度が整っていると思います。
・なかには計画的に取得し，2年程産休育休を取っている人もいます。
・出産後のキャリアについては，昇進とは縁遠くなる印象があります。
・子供がいる女性の管理職もいますが，昇進スピードは遅いです。

職種：法人営業　　年齢・性別：30代後半・男性

・女性総合職の大半は結婚や親の介護を理由に辞めてしまいます。
・女性総合職は本店や海外，大きな店舗に行く傾向が高いようです。
・今は女性支社長も誕生し，大きな仕事を任される人も増えています。
・女性総合職自体が少ないので，管理職はいまだ少数です。

職種：個人営業　　年齢・性別：20代後半・女性

・女性が多い職場だけに，産休育休制度は整っています。
・法定の産休のほか，育児休暇は2歳まで，男女とも取得可能です。
・職場復帰後は子供が小学3年生になるまで時短勤務を利用できます。
・一般職の女性の多くは，2年間の育児休暇を取得しているようです。

職種：貿易，国際業務　　年齢・性別：20代後半・女性

・女性役職者は年々増え，女性であってもキャリアアップが狙えます。
・産休制度や育休制度，時短制度など福利厚生面も充実しています。
・一般職だと時短も取りやすく，出産後も働き続けやすいと思います。
・総合職だと顧客都合などでワークライフバランスは正直望めません。

▶ 今後の展望

職種：営業　　年齢・性別：20代後半・男性

・ファイナンス分野における専門知識に乏しい人が多く先行きが不安。
・各社員がスキルアップできる人事改革が必要だと思います。
・2，3年ごとに全く異なる部門へ異動する制度の弊害だと思います。
・会社の発展には組織体制の改革が必要だと思います。

職種：法人営業　　年齢・性別：20代後半・男性

・外資保険業界との金融商品の開発と共存が課題となります。
・一般顧客への金融商品の勧誘と信託部門との連携の強化も必要に。
・各社共，信託部門の拡大と顧客の勧誘には力を入れているようです。
・今後の業界の方向性としては信託部門の拡大が主になると思います。

職種：法人営業　　年齢・性別：20代後半・男性

・圧倒的なネットワークにより，海外進出は収益の柱となるでしょう。
・ただ，大組織故の意思決定の遅さは，営業には致命的なハンデかと。
・海外事業という他のメガバンクを圧倒できる強みは非常に貴重です。
・今後はアジアへの進出をより強化していくようです。

職種：法人営業　　年齢・性別：50代後半・男性

・地元では抜群の知名度と安定感がありますが，競争は厳しいです。
・地銀らしくアットホームな感じですが，成果は常に求められます。
・近年では投資信託等，手数料ビジネスが中心となってきています。
・最近では，アジアを中心とした海外展開にも力を入れています。

金融業界　国内企業リスト（一部抜粋）

区別	会社名	本社住所
銀行業	島根銀行	島根県松江市東本町二丁目 35 番地
	じもとホールディングス	仙台市青葉区一番町二丁目 1 番 1 号 仙台銀行ビル 9 階
	新生銀行	東京都中央区日本橋室町 2-4-3 日本橋室町野村ビル
	あおぞら銀行	東京都千代田区九段南 1-3-1
	三菱 UFJ フィナンシャル・グループ	東京都千代田区丸の内二丁目 7 番 1 号
	りそなホールディングス	東京都江東区木場 1 丁目 5 番 65 号 深川ギャザリア W2 棟
	三井住友 トラスト・ホールディングス	東京都千代田区丸の内 1-4-1
	三井住友 フィナンシャルグループ	東京都千代田区丸の内一丁目 1 番 2 号
	第四銀行	新潟市中央区東堀前通七番町 1071 番地 1
	北越銀行	新潟県長岡市大手通二丁目 2 番地 14
	西日本シティ銀行	福岡市博多区博多駅前三丁目 1 番 1 号
	千葉銀行	千葉県千葉市中央区千葉港 1-2
	横浜銀行	神奈川県横浜市西区みなとみらい 3 丁目 1 番 1 号
	常陽銀行	茨城県水戸市南町 2 丁目 5 番 5 号
	群馬銀行	群馬県前橋市元総社町 194 番地
	武蔵野銀行	さいたま市大宮区桜木町一丁目 10 番地 8
	千葉興業銀行	千葉県千葉市美浜区幸町 2 丁目 1 番 2 号
	筑波銀行	茨城県土浦市中央二丁目 11 番 7 号
	東京都民銀行	東京都港区六本木 2 丁目 3 番 11 号七十七銀行
	青森銀行	青森市橋本一丁目 9 番 30 号
	秋田銀行	秋田県秋田市山王三丁目 2 番 1 号
	山形銀行	山形市七日町三丁目 1 番 2 号
	岩手銀行	盛岡市中央通一丁目 2 番 3 号
	東邦銀行	福島市大町 3-25
	東北銀行	盛岡市内丸 3 番 1 号

区別	会社名	本社住所
銀行業	みちのく銀行	青森市勝田一丁目 3 番 1 号
	ふくおか フィナンシャルグループ	福岡県福岡市中央区大手門一丁目 8 番 3 号
	静岡銀行	静岡県静岡市葵区呉服町 1 丁目 10 番地
	十六銀行	岐阜県岐阜市神田町 8 丁目 26
	スルガ銀行	静岡県沼津市通横町 23 番地
	八十二銀行	長野市大字中御所字岡田 178 番地 8
	山梨中央銀行	甲府市丸の内一丁目 20 番 8 号
	大垣共立銀行	岐阜県大垣市郭町 3 丁目 98 番地
	福井銀行	福井県福井市順化 1 丁目 1 番 1 号
	北國銀行	石川県金沢市下堤町 1 番地
	清水銀行	静岡県静岡市清水区富士見町 2 番 1 号
	滋賀銀行	滋賀県大津市浜町 1 番 38 号
	南都銀行	奈良市橋本町 16 番地
	百五銀行	三重県津市岩田 21 番 27 号
	京都銀行	京都市下京区烏丸通松原上る薬師前町 700 番地
	紀陽銀行	和歌山市本町 1 丁目 35 番地
	三重銀行	三重県四日市市西新地 7 番 8 号
	ほくほく フィナンシャルグループ	富山県富山市堤町通り 1 丁目 2 番 26 号
	広島銀行	広島市中区紙屋町 1 丁目 3 番 8 号
	山陰合同銀行	島根県松江市魚町 10 番地
	中国銀行	岡山市北区丸の内 1 丁目 15 番 20 号
	鳥取銀行	鳥取県鳥取市永楽温泉町 171 番地
	伊予銀行	松山市南堀端町 1 番地
	百十四銀行	香川県高松市亀井町 5 番地の 1
	四国銀行	高知市南はりまや町一丁目 1 番 1 号
	阿波銀行	徳島市西船場町二丁目 24 番地の 1
	鹿児島銀行	鹿児島市金生町 6 番 6 号
	大分銀行	大分市府内町 3 丁目 4 番 1 号

区別	会社名	本社住所
銀行業	宮崎銀行	宮崎県宮崎市橘通東四丁目3番5号
	肥後銀行	熊本市中央区紺屋町1丁目13番地5
	佐賀銀行	佐賀市唐人二丁目7番20号
	十八銀行	長崎市銅座町1番11号
	沖縄銀行	那覇市久茂地3－10－1
	琉球銀行	沖縄県那覇市久茂地1丁目11番1号
	八千代銀行	新宿区新宿5-9-2
	セブン銀行	東京都千代田区丸の内1-6-1
	みずほフィナンシャルグループ	東京都千代田区丸の内2丁目5番1号 丸の内二丁目ビル
	山口フィナンシャルグループ	山口県下関市竹崎町4丁目2番36号
	長野銀行	松本市渚2丁目9番38号
	名古屋銀行	名古屋市中区錦三丁目19番17号
	北洋銀行	札幌市中央区大通西3丁目7番地
	愛知銀行	愛知県名古屋市中区栄3-14-12
	第三銀行	三重県松阪市京町510番地
	中京銀行	名古屋市中区栄三丁目33番13号
	東日本銀行	東京都中央区日本橋3-11-2
	大光銀行	長岡市大手通一丁目5番地6
	愛媛銀行	愛媛県松山市勝山町2-1
	トマト銀行	岡山市北区番町2丁目3番4号
	みなと銀行	神戸市中央区三宮町2丁目1番1号
	京葉銀行	千葉県千葉市中央区富士見1-11-11
	関西アーバン銀行	大阪府大阪市中央区西心斎橋1丁目2番4号
	栃木銀行	栃木県宇都宮市西2-1-18
	北日本銀行	岩手県盛岡市中央通一丁目6番7号
	東和銀行	群馬県前橋市本町二丁目12番6号
	福島銀行	福島県福島市万世町2-5
	大東銀行	福島県郡山市中町19番1号
	トモニホールディングス	香川県高松市亀井町7番地1

区別	会社名	本社住所
銀行業	フィデアホールディングス	宮城県仙台市青葉区中央三丁目 1 番 24 号
	池田泉州ホールディングス	大阪府大阪市北区茶屋町 18 番 14 号
証券・商品先物取引業	FPG	東京都千代田区丸の内 2 丁目 3 番 2 号 郵船ビル 7F
	SBI ホールディングス	東京都港区六本木一丁目 6 番 1 号
	日本アジア投資	東京都千代田区神田錦町三丁目 11 番地 精興竹橋共同ビル
	ジャフコ	東京都千代田区大手町 1-5-1 大手町ファーストスクエア　ウエストタワー 11 階
	大和証券グループ本社	東京都千代田区丸の内一丁目 9 番 1 号 グラントウキョウ　ノースタワー
	野村ホールディングス	東京都中央区日本橋 1-9-1
	岡三証券グループ	東京都中央区日本橋一丁目 17 番 6 号
	丸三証券	東京都千代田区麹町三丁目 3 番 6
	東洋証券	東京都中央区八丁堀 4-7-1
	東海東京フィナンシャル・ホールディングス	東京都中央区日本橋三丁目 6 番 2 号
	光世証券	大阪市中央区北浜二丁目 1 － 10
	水戸証券	東京都中央区日本橋二丁目 3 番 10 号
	いちよし証券	東京都中央区八丁堀二丁目 14 番 1 号
	松井証券	東京都千代田区麹町一丁目 4 番地
	だいこう証券ビジネス	東京都中央区日本橋兜町 13 番 1 号
	マネックスグループ	東京都千代田区麹町二丁目 4 番地 1 麹町大通りビル 13 階
	カブドットコム証券	東京都千代田区大手町 1-3-2　経団連会館 6F
	極東証券	東京都中央区日本橋茅場町 1-4-7
	岩井コスモホールディングス	大阪市中央区今橋 1 丁目 8 番 12 号
	マネーパートナーズグループ	東京都港区六本木一丁目 6 番 1 号 泉ガーデンタワー 16 階
	小林洋行	東京都中央区日本橋蛎殻町一丁目 15 番 7 号 小林洋行ビル 2 号館

区別	会社名	本社住所
その他金融業	全国保証	東京都千代田区大手町二丁目1番1号 大手町野村ビル
	クレディセゾン	東京都豊島区東池袋3-1-1 サンシャイン60・52F
	アクリーティブ	千葉県市川市南八幡4-9-1
	芙蓉総合リース	東京都千代田区三崎町3-3-23 ニチレイビル
	興銀リース	東京都港区虎ノ門一丁目2番6号
	東京センチュリーリース	東京都千代田区神田練塀町3 富士ソフトビル
	日本証券金融	東京都中央区日本橋茅場町1-2-10
	アイフル	京都市下京区烏丸通五条上る高砂町381-1
	ポケットカード	東京都港区芝1丁目5番9号 住友不動産芝ビル2号館
	リコーリース	東京都江東区東雲一丁目7番12号
	イオン フィナンシャルサービス	千葉県千葉市美浜区中瀬1-5-1 イオンタワー
	アコム	東京都千代田区丸の内二丁目1番1号 明治安田生命ビル
	ジャックス	東京都渋谷区恵比寿4丁目1番18号 恵比寿ネオナート
	オリエントコーポレーション	東京都千代田区麹町5丁目2番地1
	日立キャピタル	東京都港区西新橋二丁目15番12号（日立愛宕別館）
	アプラスフィナンシャル	大阪市中央区南船場一丁目17番26号
	オリックス	東京都港区浜松町2丁目4番1号 世界貿易センタービル
	三菱UFJリース	東京都千代田区丸の内1-5-1 新丸の内ビルディング
	日本取引所グループ	東京都中央区日本橋兜町2-1
	イー・ギャランティ	東京都港区赤坂5-3-1 赤坂サカス内 赤坂Bizタワー37階
	アサックス	東京都渋谷区広尾1丁目3番14号
	NECキャピタル ソリューション	東京都港区港南二丁目15番3号 （品川インターシティC棟）

第**3**章

就職活動のはじめかた

入りたい会社は決まった。しかし「就職活動とはそもそも何をしていいのかわからない」「どんな流れで進むかわからない」という声は意外と多い。ここでは就職活動の一般的な流れや内容，対策について解説していく。

▶就職活動のスケジュール

3月	**4**月	**6**月

就職活動スタート

> 2025年卒の就活スケジュールは,経団連と政府を中心に議論され,2024年卒の採用選考スケジュールから概ね変更なしとされている。

エントリー受付・提出

OB・OG訪問

> 企業の説明会には積極的に参加しよう。独自の企業研究だけでは見えてこなかった新たな情報を得る機会であるとともに,モチベーションアップにもつながる。また,説明会に参加した者だけに配布する資料などもある。

合同企業説明会 **個別企業説明会**

筆記試験・面接試験等始まる（3月〜）

内々定（大手企業）

2月末までにやっておきたいこと

就職活動が本格化する前に,以下のことに取り組んでおこう。
- ◎自己分析　◎インターンシップ　◎筆記試験対策
- ◎業界研究・企業研究　◎学内就職ガイダンス

自分が本当にやりたいことはなにか,自分の能力を最大限に活かせる会社はどこか。自己分析と企業研究を重ね,それを文章などにして明確にしておき,面接時に最大限に活用できるようにしておこう。

7月　　8月　　10月

中小企業採用本格化

内定者の数が採用予定数に満たない企業，1年を通して採用を継続している企業，夏休み以降に採用活動を実施企業（後期採用）は採用活動を継続して行っている。大企業でも後期採用を行っていることもあるので，企業から内定が出ても，納得がいかなければ継続して就職活動を行うこともある。

中小企業の採用が本格化するのは大手企業より少し遅いこの時期から。HPなどで採用情報をつかむとともに，企業研究も怠らないようにしよう。

内々定とは10月1日以前に通知（電話等）されるもの。内定に関しては現在協定があり，10月1日以降に文書等にて通知される。

内々定（中小企業）　　内定式（10月〜）

どんな人物が求められる？

多くの企業は，常識やコミュニケーション能力があり，社会のできごとに高い関心を持っている人物を求めている。これは「会社の一員として将来の企業発展に寄与してくれるか」という視点に基づく，もっとも普遍的な選考基準だ。もちろん，「自社の志望を真剣に考えているか」「自社の製品，サービスにどれだけの関心を向けているか」という熱意の部分も重要な要素になる。

就活ロールプレイ！

理論編

理論編
STEP 1 　就職活動のスタート

内定までの道のりは，大きく分けると以下のようになる。

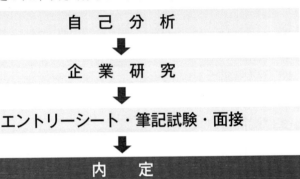

自　己　分　析

企　業　研　究

エントリーシート・筆記試験・面接

内　　定

01 まず自己分析からスタート

　就職活動とは，「企業に自分をPRすること」。自分自身の興味，価値観に加えて，強み・能力という要素が加わって，初めて企業側に「自分が働いたら，こういうポイントで貢献できる」と自分自身を売り込むことができるようになる。

■自分の来た道を振り返る

　自己分析をするための第一歩は，「振り返ってみる」こと。

　小学校，中学校など自分のいた"場"ごとに何をしたか（部活動など），何を学んだか，交友関係はどうだったか，興味のあったこと，覚えている印象的なことを書き出してみよう。

■テストを受けてみる

　"自分では気がついていない能力"を客観的に検査してもらうことで，自分に向いている職種が見えてくる。下記の5種類が代表的なものだ。

①職業適性検査　　②知能検査　　③性格検査

④職業興味検査　　⑤創造性検査

■**先輩や専門家に相談してみる**

　就職活動をするうえでは，"いかに他人に自分のことをわかってもらうか"が重要なポイント。他者の視点で自分を分析してもらうことで，より客観的な視点で自己PRができるようになる。

自己分析の流れ

❏過去の経験を書いてみる

❏現在の自己イメージを明確にする…行動，考え方，好きなものなど。

❏他人から見た自分を明確にする

❏将来の自分を明確にしてみる…どのような生活をおくっていたいか。期待，夢，願望。なりたい自分はどういうものか，掘り下げて考える。→自己分析結果を，志望動機につなげていく。

01　企業の絞り込み

　志望企業の絞り込みについての考え方は大きく分けて2つある。

　第1は，同一業種の中で1次候補，2次候補……と絞り込んでいく方法。

　第2は，業種を1次，2次，3次候補と変えながら，それぞれに2社程度ずつ絞り込んでいく方法。

　第1の方法では，志望する同一業種の中で，一流企業，中堅企業，中小企業，縁故などがある歯止めの会社……というふうに絞り込んでいく。

　第2の方法では，自分が最も望んでいる業種，将来好きになれそうな業種，発展性のある業種，安定性のある業種，現在好況な業種……というふうに区別して，それぞれに適当な会社を絞り込んでいく。

02　情報の収集場所

・キャリアセンター

・新聞

・インターネット

・企業情報

　『就職四季報』（東洋経済新報社刊），『日経会社情報』（日本経済新聞社刊）などの企業情報。この種の資料は本来“株式市場”についての資料だが，その時期の景気動向を含めた情報を仕入れることができる。

・経済雑誌

　『ダイヤモンド』（ダイヤモンド社刊）や『東洋経済』（東洋経済新報社刊），『エコノミスト』（毎日新聞出版刊）など。

・OB・OG／社会人

①成長力

　まず"売上高"。次に資本力の問題や利益率などの比率。いくら資本金があっても，それを上回る膨大な借金を抱えていて，いくら稼いでも利払いに追われまくるようでは，成長できないし，安定できない。

　成長力を見るには自己資本率を割り出してみる。自己資本を総資本で割って100を掛けると自己資本率がパーセントで出てくる。自己資本の比率が高いほうが成長力もあり安定度も高い。

　利益率は純利益を売上高で割って100を掛ける。利益率が高ければ，企業はどんどん成長するし，社員の待遇も上昇する。利益率が低いということは，仕事がどんなに忙しくても利益にはつながらないということになる。

②技術力

　技術力は，短期的な見方と長期的な展望が必要になってくる。研究部門が適切な規模か，大学など企業外の研究部門との連絡があるか，先端技術の分野で開発を続けているかどうかなど。

③経営者と経営形態

　会社が将来，どのような発展をするか，または衰退するかは経営者の経営哲学，経営方針によるところが大きい。社長の経歴を知ることも必要。創始者の息子，孫といった親族が社長をしているのか，サラリーマン社長か，官庁などからの天下りかということも大切なチェックポイント。

④社風

　社風というのは先輩社員から後輩社員に伝えられ，教えられるもの。社風もいろいろな面から必ずチェックしよう。

⑤安定性

　企業が成長しているか，安定しているかということは車の両輪。どちらか片方の回転が遅くなっても企業はバランスを失う。安定し，しかも成長する。これが企業として最も理想とするところ。

⑥待遇

　初任給だけを考えてみても，それが手取りなのか，基本給なのか。基本給というのはボーナスから退職金，定期昇給の金額にまで響いてくる。また，待遇というのは給与ばかりではなく，福利厚生施設でも大きな差が出てくる。

■そのほかの会社比較の基準

1. ゆとり度

　休暇制度は，企業によって独自のものを設定しているところもある。「長期休暇制度」といったものなどの制定状況と，また実際に取得できているかどうかも調べたい。

2. 独身寮や住宅設備

　最近では，社宅は廃止し，住宅手当を多く出すという流れもある。寮や社宅についての福利厚生は調べておく。

3. オフィス環境

　会社に根づいた慣習や社員に対する考え方が，意外にオフィスの設備やレイアウトに表れている場合がある。

　たとえば，個人の専有スペースの広さや区切り方，パソコンなどOA機器の設置状況，上司と部下の机の配置など，会社によってずいぶん違うもの。玄関ロビーや受付の様子を観察するだけでも，会社ごとのカラーや特徴がどこかに見えてくる。

4. 勤務地

　転勤はイヤ，どうしても特定の地域で生活していきたい。そんな声に応えて，最近は流通業などを中心に，勤務地限定の雇用制度を取り入れる企業も増えている。

> **column　初任給では分からない本当の給与**
>
> 　会社の給与水準には「初任給」「平均給与」「平均ボーナス」「モデル給与」など，判断材料となるいくつかのデータがある。これらのデータからその会社の給料の優劣を判断するのは非常に難しい。
>
> 　たとえば中小企業の中には，初任給が飛び抜けて高い会社がときどきある。しかしその後の昇給率は大きくないのがほとんど。
>
> 　一方，大手企業の初任給は業種間や企業間の差が小さく，ほとんど横並びと言っていい。そこで，「平均給与」や「平均ボーナス」などで将来の予測をするわけだが，これは一応の目安とはなるが，個人差があるので正確とは言えない。

■決定版「就職ノート」はこう作る

1冊にすべて書き込みたいという人には，ルーズリーフ形式のノートがお勧め。会社研究，スケジュール，時事用語，OB／OG訪問，切り抜きなどの項目を作りインデックスをつける。

カレンダー，説明会，試験などのスケジュール表を貼り，とくに会社別の説明会，面談，書類提出，試験の日程がひと目で分かる表なども作っておく。そして見開き2ページで1社を載せ，左ページに企業研究，右ページには志望理由，自己PRなどを整理する。

就職ノートの主なチェック項目

❏企業研究…資本金，業務内容，従業員数など基礎的な会社概要から，過去の採用状況，業務報告などのデータ

❏採用試験メモ…日程，条件，提出書類，採用方法，試験の傾向など

❏店舗・営業所見学メモ…流通関係，銀行などの場合は，客として訪問し，商品（値段，使用価値，ユーザーへの配慮），店員（接客態度，商品知識，熱意，親切度），店舗（ショーケース，陳列の工夫，店内の清潔さ）などの面をチェック

❏OB／OG訪問メモ…OB／OGの名前，連絡先，訪問日時，面談場所，質疑応答のポイント，印象など

❏会社訪問メモ…連絡先，人事担当者名，会社までの交通機関，最寄り駅からの地図，訪問のときに得た情報や印象，訪問にいたるまでの経過も記入

　「OB／OG訪問」は，実際は採用予備選考開始。まず，OB／OG訪問を希望したら，大学のキャリアセンター，教授などの紹介で，志望企業に勤める先輩の手がかりをつかむ。もちろん直接電話なり手紙で，自分の意向を会社側に伝えてもいい。自分の在籍大学，学部をはっきり言って，「先輩を紹介していただけないでしょうか」と依頼しよう。

OB／OG訪問時の質問リスト例

●**採用について**
- ・成績と面接の比重
- ・採用までのプロセス（日程）
- ・面接は何回あるか
- ・面接で質問される事項　etc.
- ・評価のポイント
- ・筆記試験の傾向と対策
- ・コネの効力はどうか

●**仕事について**
- ・内容（入社10年，20年のOB/OG）
- ・希望職種につけるのか
- ・残業，休日出勤，出張など
- ・新入社員の仕事
- ・やりがいはどうか
- ・同業他社と比較してどうか　etc.

●**社風について**
- ・社内のムード
- ・仕事のさせ方　etc.
- ・上司や同僚との関係

●**待遇について**
- ・給与について
- ・昇進のスピード
- ・福利厚生の状態
- ・離職率について　etc.

06 インターンシップ

　インターンシップとは，学生向けに企業が用意している「就業体験」プログラム。ここで学生はさまざまな企業の実態をより深く知ることができ，その後の就職活動において自己分析，業界研究，職種選びなどに活かすことができる。また企業側にとっても有能な学生を発掘できるというメリットがあるため，導入する企業は増えている。

　インターンシップ参加が採用につながっているケースもあるため，たくさん参加してみよう。

---

column　コネを利用するのも１つの手段？

コネを活用できるのは，以下のような場合である。

・企業と大学に何らかの「連絡」がある場合

　企業の新卒採用の場合，特定校・指定校が決められていることもある。企業側が過去の実績などに基づいて決めており，大学の力が大きくものをいう。

　とくに理工系では，指導教授や研究室と企業との連絡が密接な場合が多く，教授の推薦が有利であることは言うまでもない。同じ大学出身の先輩とのコネも，この部類に区分できる。

・志望企業と「関係」ある人と関係がある場合

　一般的に言えば，志望企業の取り引き先関係からの紹介というのが一番多い。ただし，年間億単位の実績が必要で，しかも部長・役員以上につながっていなければコネがあるとは言えない。

・志望企業と何らかの「親しい関係」がある場合

　志望企業に勤務したりアルバイトをしていたことがあるという場合。インターンシップもここに分類される。職場にも馴染みがあり人間関係もできているので，就職に際してきわめて有利。

・志望会社に関係する人と「縁故」がある場合

　縁故を「血縁関係」とした場合，日本企業ではこのコネはかなり有効なところもある。ただし，血縁者が同じ会社にいるというのは不都合なことも多いので，どの企業も慎重。

1. 受付の様子

受付事務がテキパキとしていて，分かりやすいかどうか。社員の態度が親切で誠意が伝わってくるかどうか。

こういった受付の様子からでも，その会社の社員教育の程度や，新入社員採用に対する熱意とか期待を推し測ることができる。

2. 控え室の様子

控え室が2カ所以上あって，国立大学と私立大学の訪問者とが，別々に案内されているようなことはないか。また，面談の順番を意図的に変えているようなことはないか。これはよくある例で，すでに大半は内定しているということを意味する場合が多い。

3. 社内の雰囲気

社員の話し方，その内容を耳にはさむだけでも，社風が伝わってくる。

4. 面談の様子

何時間も待たせたあげくに，きわめて事務的に，しかも投げやりな質問しかしないような採用担当者である場合，この会社は人事が適正に行われていないということだから，一考したほうがよい。

参考 ▶ 説明会での質問項目

・質問内容が抽象的でなく，具体性のあるものかどうか。
・質問内容は，現在の社会・経済・政治などの情況を踏まえた，
　大学生らしい高度で専門性のあるものか。
・質問をするのはいいが，「それでは，あなたの意見はどうか」と
　逆に聞かれたとき，自分なりの見解が述べられるものであるか。

提出する書類は6種類。①〜③が大学に申請する書類，④〜⑥が自分で書く書類だ。大学に申請する書類は一度に何枚も入手しておこう。

① 「卒業見込証明書」
② 「成績証明書」
③ 「健康診断書」
④ 「履歴書」
⑤ 「エントリーシート」
⑥ 「会社説明会アンケート」

■自分で書く書類は「自己PR」

第1次面接に進めるか否かは「自分で書く書類」の出来にかかっている。「履歴書」と「エントリーシート」は会社説明会に行く前に準備しておくもの。「会社説明会アンケート」は説明会の際に書き，その場で提出する書類だ。

01 履歴書とエントリーシートの違い

Webエントリーを受け付けている企業に資料請求をすると，資料と一緒に「エントリーシート」が送られてくるので，応募サイトのフォームやメールでエントリーシートを送付する。Webエントリーを行っていない企業には，ハガキやメールで資料請求をする必要があるが，「エントリーシート」は履歴書とは異なり，企業が設定した設問に対して回答するもの。すなわちこれが「1次試験」であり，これにパスをした人だけが会社説明会に呼ばれる。

■字はていねいに

字を書くところから，その企業に対する"本気度"は測られている。

■誤字，脱字は厳禁

使用するのは，黒のインク。

■修正液使用は不可

■数字は算用数字

■自分の広告を作るつもりで書く

自分はこういう人間であり，何がしたいかということを簡潔に書く。メリットになることだけで良い。自分に損になるようなことを書く必要はない。

■「やる気」を示す具体的なエピソードを

「私はやる気があります」「私は根気があります」という抽象的な表現だけではNG。それを示すエピソードのようなものを書かなくては意味がない。

Point

自己紹介欄の項目はすべて「自己PR」。自分はこういう人間であることを印象づけ，それがさらに企業への「志望動機」につながっていくような書き方をする。

---

column 履歴書やエントリーシートは，共通でもいい？

「履歴書」や「エントリーシート」は企業によって書き分ける。業種はもちろん，同じ業界の企業であっても求めている人材が違うからだ。各書類は提出前にコピーを取り，さらに出した企業名を忘れずに書いておくことも大切だ。

履歴書記入のPoint

写真	スナップ写真は不可。 スーツ着用で，胸から上の物を使用する。ポイントは「清潔感」。 氏名・大学名を裏書きしておく。
日付	郵送の場合は投函する日，持参する場合は持参日の日付を記入する。
生年月日	西暦は避ける。元号を省略せずに記入する。
氏名	戸籍上の漢字を使う。印鑑押印欄があれば忘れずに押す。
住所	フリガナ欄がカタカナであればカタカナで，平仮名であれば平仮名で記載する。
学歴	最初の行の中央部に「学□□歴」と2文字程度間隔を空けて，中学校卒業から大学（卒業・卒業見込み）まで記入する。 中途退学の場合は，理由を簡潔に記載する。留年は記入する必要はない。 職歴がなければ，最終学歴の一段下の行の右隅に，「以上」と記載する。
職歴	最終学歴の一段下の行の中央部に「職□□歴」と2文字程度間隔を空け記入する。 「株式会社」や「有限会社」など，所属部門を省略しないで記入する。 「同上」や「〃」で省略しない。 最終職歴の一段下の行の右隅に，「以上」と記載する。
資格・免許	4級以下は記載しない。学習中のものも記載して良い。 「普通自動車第一種運転免許」など，省略せずに記載する。
趣味・特技	具体的に（例：読書でもジャンルや好きな作家を）記入する。
志望理由	その企業の強みや良い所を見つけ出したうえで，「自分の得意な事」がどう活かせるかなどを考えぬいたものを記入する。
自己PR	応募企業の事業内容や職種にリンクするような，自分の経験やスキルなどを記入する。
本人希望欄	面接の連絡方法，希望職種・勤務地などを記入する。「特になし」や空白はNG。
家族構成	最初に世帯主を書き，次に配偶者，それから家族を祖父母，兄弟姉妹の順に。続柄は，本人から見た間柄。兄嫁は，義姉と書く。
健康状態	「良好」が一般的。

01 エントリーシートの目的

・応募者を，決められた採用予定者数に絞り込むこと

・面接時の資料にする

の2つ。

■知りたいのは職務遂行能力

　採用担当者が学生を見る場合は，「こいつは与えられた仕事をこなせるかどう
か」という目で見ている。企業に必要とされているのは仕事をする能力なのだ。

> 質問に忠実に，"自分がいかにその会社の求める人材に当てはまるか"を
> 丁寧に答えること。

02 効果的なエントリーシートの書き方

■情報を伝える書き方

　課題をよく理解していることを相手に伝えるような気持ちで書く。

■文章力

　大切なのは全体のバランスが取れているか。書く前に，何をどれくらいの字
数で収めるか計算しておく。

　「起承転結」でいえば，「起」は，文章を起こす導入部分。「承」は，起を受け
て，その提起した問題に対して承認を求める部分。「転」は，自説を展開する
部分。もっともオリジナリティが要求される。「結」は，最後の締めの結論部分。
文章の構成・まとめる力で，総合的な能力が高いことをアピールする。

参考 ▶エントリーシートでよく取り上げられる題材と，その出題意図

エントリーシートで求められるものは，「自己PR」「志望動機」「将来どうなりたいか（目指すこと）」の3つに大別される。

1.「自己PR」

自己分析にしたがって作成していく。重要なのは，「なぜそうしようと思ったか？」「○○をした結果，何が変わったのか？何を得たのか？」という"連続性"が分かるかどうかがポイント。

2.「志望動機」

自己PRと一貫性を保ち，業界志望理由と企業志望理由を差別化して表現するように心がける。志望する業界の強みと弱み，志望企業の強みと弱みの把握は基本。

3.「将来の展望」

どんな社員を目指すのか，仕事へはどう臨もうと思っているか，目標は何か，などが問われる。仕事内容を事前に把握しておくだけでなく，5年後の自分，10年後の自分など，具体的な将来像を描いておくことが大切。

表現力，理解力のチェックポイント

❏文法，語法が正しいかどうか
❏論旨が論理的で一貫しているかどうか
❏1センテンスが簡潔かどうか
❏表現が統一されているかどうか（「です，ます」調か「だ，である」調か）

理論編 STEP5 面接試験の進みかた

01 個人面接

●自由面接法

面接官と受験者のキャラクターやその場の雰囲気，質問と応答の進行具合などによって雑談形式で自由に進められる。

●標準面接法

自由面接法とは逆に，質問内容や評価の基準などがあらかじめ決まっている。実際には自由面接法と併用で，おおまかな質問事項や判定基準，評価ポイントを決めておき，質疑応答の内容上の制限を緩和しておくスタイルが一般的。1次面接などでは標準面接法をとり，2次以降で自由面接法をとる企業も多い。

●非指示面接法

受験者に自由に発言してもらい，面接官は話題を引き出したりするときなど，最小限の質問をするという方法。

●圧迫面接法

わざと受験者の精神状態を緊張させ，受験者がどのような応答をするかを観察し，判定する。受験者は，冷静に対応することが肝心。

02 集団面接

面接の方法は個人面接と大差ないが，面接官がひとつの質問をして，受験者が順にそれに答えるという方法と，面接官が司会役になって，座談会のような形式で進める方法とがある。

座談会のようなスタイルでの面接は，なるべく受験者全員が関心をもっているような話題を取りあげ，意見を述べさせるという方法。この際，司会役以外の面接官は一言も発言せず，判定・評価に専念する。

03 グループディスカッション

　グループディスカッション（以下，GD）の時間は30〜60分程度，１グループの人数は5〜10人程度で，司会は面接官が行う場合や，時間を決めて学生が交替で行うことが多い。面接官は内容については特に指示することはなく，受験者がどのようにGDを進めるかを観察する。

　評価のポイントは，全体的には理解力，表現力，指導性，積極性，協調性など，個別的には性格，知識，適性などが観察される。

　GDの特色は，集団の中での個人ということで，受験者の能力がどの程度のものであるか，また，どのようなことに向いているかを判定できること。受験者は，グループの中における自分の位置を面接官に印象づけることが大切だ。

グループディスカッション方式の面接におけるチェックポイント

- ❏ 全体の中で適切な論点を提供できているかどうか。
- ❏ 問題解決に役立つ知識を持っているか，また提供できているかどうか。
- ❏ もつれた議論を解きほぐし，的はずれの議論を元に引き戻す努力をしているかどうか。
- ❏ グループ全体としての目標をいつも考えているかどうか。
- ❏ 感情的な対立や攻撃をしかけているようなことはないか。
- ❏ 他人の意見に耳を傾け，よい意見には賛意を表し，それを全体に推し広げようという寛大さがあるかどうか。
- ❏ 議論の流れを自然にリードするような主導性を持っているかどうか。
- ❏ 提出した意見が議論の進行に大きな影響を与えているかどうか。

04 面接時の注意点

●控え室

　控え室には，指定された時間の15分前には入室しよう。そこで担当の係から，面接に際しての注意点や手順の説明が行われるので，疑問点は積極的に聞くようにし，心おきなく面接にのぞめるようにしておこう。会社によっては，所定のカードに必要事項を書き込ませたり，お互いに自己紹介をさせたりする場合もある。また，この控え室での行動も細かくチェックして，合否の資料にしている会社もある。

●入室・面接開始

係員がドアの開閉をしてくれる場合もあるが，それ以外は軽くノックして入室し，必ずドアを閉める。そして入口近くで軽く一礼し，面接官か補助員の「どうぞ」という指示で正面の席に進み，ここで再び一礼をする。そして，学校名と氏名を名のって静かに着席する。着席時は，軽く椅子にかけるようにする。

●面接終了と退室

面接の終了が告げられたら，椅子から立ち上がって一礼し，椅子をもとに戻して，面接官または係員の指示を受けて退室する。

その際も，ドアの前で面接官のほうを向いて頭を下げ，静かにドアを開閉する。控え室に戻ったら，係員の指示を受けて退社する。

05 面接試験の評定基準

●協調性

企業という「集団」では，他人との協調性が特に重視される。

感情や態度が円満で調和がとれていること，極端に好悪の情が激しくなく，物事の見方や考え方が穏健で中立であることなど，職場での人間関係を円滑に進めていくことのできる人物かどうかが評価される。

●話し方

外観印象的には，言語の明瞭さや応答の態度そのものがチェックされる。小さな声で自信のない発言，乱暴野卑な発言は減点になる。

考えをまとめたら，言葉を選んで話すくらいの余裕をもって，真剣に応答しようとする姿勢が重視される。軽率な応答をしたり，まして発言に矛盾を指摘されるような事態は極力避け，もしそのような状況になりそうなときは，自分の非を認めてはっきりと謝るような態度を示すべき。

●好感度

実社会においては，外観による第一印象が，人間関係や取引に大きく影響を及ぼす。

「フレッシュな爽やかさ」に加え，入社志望など，自分の意思や希望をより明確にすることで，強い信念に裏づけられた姿勢をアピールできるよう努力したい。

●判断力

何を質問されているのか，何を答えようとしているのか，常に冷静に判断していく必要がある。

●表現力

話に筋道が通り理路整然としているか，言いたいことが簡潔に言えるか，話し方に抑揚があり聞く者に感銘を与えるか，用語が適切でボキャブラリーが豊富かどうか。

●積極性

活動意欲があり，研究心旺盛であること，進んで物事に取り組み，創造的に解決しようとする意欲が感じられること，話し方にファイトや情熱が感じられること，など。

●計画性

見通しをもって順序よく合理的に仕事をする性格かどうか，またその能力の有無。企業の将来性のなかに，自分の将来をどうかみ合わせていこうとしているか，現在の自分を出発点として，何を考え，どんな仕事をしたいのか。

●安定性

情緒の安定は，社会生活に欠くことのできない要素。自分自身をよく知っているか，他の人に流されない信念をもっているか。

●誠実性

自分に対して忠実であろうとしているか，物事に対してどれだけ誠実な考え方をしているか。

●社会性

企業は集団活動なので，自分の考えに固執したり，不平不満が多い性格は向かない。柔軟で適応性があるかどうか。

Point

清潔感や明朗さ，若々しさといった外観面も重視される。

06 面接試験の質問内容

1. 志望動機

受験先の概要や事業内容はしっかりと頭の中に入れておく。また，その企業の企業活動の社会的意義と，自分自身の志望動機との関連を明確にしておく。「安定している」「知名度がある」「将来性がある」といった利己的な動機，「自

分の性格に合っている」というような，あいまいな動機では説得力がない。安定性や将来性は，具体的にどのような企業努力によって支えられているのかという考察も必要だし，それに対する受験者自身の評価や共感なども問われる。

①どうしてその業種なのか

②どうしてその企業なのか

③どうしてその職種なのか

以上の①〜③と，自分の性格や資質，専門などとの関連性を説明できるようにしておく。

自分がどうしてその会社を選んだのか，どこに大きな魅力を感じたのかを，できるだけ具体的に，情熱をもって語ることが重要。自分の長所と仕事の適性を結びつけてアピールし，仕事のやりがいや仕事に対する興味を述べるのもよい。

■複数の企業を受験していることは言ってもいい？

同じ職種，同じ業種で何社かかけもちしている場合，正直に答えてもかまわない。しかし，「第一志望はどこですか」というような質問に対して，正直に答えるべきかどうかというと，やはりこれは疑問がある。どんな会社でも，他社を第一志望にあげられれば，やはり愉快には思わない。

また，職種や業種の異なる会社をいくつか受験する場合も同様で，極端に性格の違う会社をあげれば，その矛盾を突かれるのは必至だ。

2. 仕事に対する意識・職業観

採用試験の段階では，次年度の配属予定が具体的に固まっていない会社もかなりある。具体的に職種や部署などを細分化して募集している場合は別だが，そうでない場合は，希望職種をあまり狭く限定しないほうが賢明。どの業界においても，採用後，新入社員には，研修としてその会社の各セクションをひと通り経験させる企業は珍しくない。そのうえで，具体的な配属計画を検討するのだ。

大切なことは，就職や職業というものを，自分自身の生き方の中にどう位置づけるか，また，自分の生活の中で仕事とはどういう役割を果たすのかを考えてみること。つまり自分の能力を活かしたい，社会に貢献したい，自分の存在価値を社会的に実現してみたい，ある分野で何か自分の力を試してみたい……，などの場合を考え，それを自分自身の人生観，志望職種や業種などとの関係を考えて組み立ててみる。自分の人生観をもとに，それを自分の言葉で表現できるようにすることが大切。

3. 自己紹介・自己PR

性格そのものを簡単に変えたり，欠点を克服したりすることは実際には難しいが，"仕方がない"という姿勢を見せることは禁物で，どんなささいなことでも，努力している面をアピールする。また一般的にいって，専門職を除けば，就職時になんらかの資格や技能を要求する企業は少ない。

ただ，資格をもっていれば採用に有利とは限らないが，専門性を要する業種では考慮の対象とされるものもある。たとえば英検，簿記など。

企業が学生に要求しているのは，4年間の勉学を重ねた学生が，どのように仕事に有用であるかということで，学生の知識や学問そのものを聞くのが目的ではない。あくまで，社会人予備軍としての謙虚さと素直さを失わないようにする。

知識や学力よりも，その人の人間性，ビジネスマンとしての可能性を重視するからこそ，面接担当者は，学生生活全般について尋ねることで，書類だけでは分からない人間性を探ろうとする。

何かうち込んだものや思い出に残る経験などは，その人の人間的な成長になんらかの作用を及ぼしているものだ。どんな経験であっても，そこから受けた印象や教訓などは，明確に答えられるようにしておきたい。

4. 一般常識・時事問題

一般常識・時事問題については筆記試験の分野に属するが，面接でこうしたテーマがもち出されることも珍しくない。受験者がどれだけ社会問題に関心をもっているか，一般常識をもっているか，また物事の見方・考え方に偏りがないかなどを判定する。知識や教養だけではなく，一問一答の応答を通じて，その人の性格や適応能力まで判断されることになる。

07 面接に向けての事前準備

■面接試験1カ月前までには万全の準備をととのえる

●志望会社・職種の研究

新聞の経済欄や経済雑誌などのほか，会社年鑑，株式情報など書物による研究をしたり，インターネットにあがっている企業情報や，検索によりさまざまな角度から調べる。すでにその会社へ就職している先輩や知人に会って知識を得たり，大学のキャリアセンターへ情報を求めるなどして総合的に判断する。

■専攻科目の知識・卒論のテーマなどの整理

大学時代にどれだけ勉強してきたか，専攻科目や卒論のテーマなどを整理しておく。

■時事問題に対する準備

毎日欠かさず新聞を読む。志望する企業の話題は，就職ノートに整理するなどもアリ。

面接当日の必需品

- ❏必要書類（履歴書，卒業見込証明書，成績証明書，健康診断書，推薦状）
- ❏学生証
- ❏就職ノート（志望企業ファイル）
- ❏印鑑，朱肉
- ❏筆記用具（万年筆，ボールペン，サインペン，シャープペンなど）
- ❏手帳，ノート
- ❏地図（訪問先までの交通機関などをチェックしておく）
- ❏現金（小銭も用意しておく）
- ❏腕時計（オーソドックスなデザインのもの）
- ❏ハンカチ，ティッシュペーパー
- ❏くし，鏡（女性は化粧品セット）
- ❏シューズクリーナー
- ❏ストッキング
- ❏折りたたみ傘（天気予報をチェックしておく）
- ❏携帯電話，充電器

■一般常識試験

> 社会人として企業活動を行ううえで最低限必要となる一般常識のほか，
> 英語，国語，社会(時事問題)，数学などの知識の程度を確認するもの。

　難易度はおおむね中学・高校の教科書レベル。一般常識の問題集を1冊やっておけばよいが，業界によっては専門分野が出題されることもあるため，必ず志望する企業のこれまでの試験内容は調べておく。

■一般常識試験の対策

・**英語**　慣れておくためにも，教科書を復習する，英字新聞を読むなど。

・**国語**　漢字，四字熟語，反対語，同音異義語，ことわざをチェック。

・**時事問題**　新聞や雑誌，テレビ,ネットニュースなどアンテナを張っておく。

■適性検査

　SPI (Synthetic Personality Inventory) 試験 (SPI3試験) とも呼ばれ，能力テストと性格テストを合わせたもの。

　能力テストでは国語能力を測る「言語問題」と，数学能力を測る「非言語問題」がある。言語的能力，知覚能力，数的能力のほか，思考・推理能力，記憶力，注意力などの問題で構成されている。

　性格テストは「はい」か「いいえ」で答えていく。仕事上の適性と性格の傾向などが一致しているかどうかをみる。

> SPIは職務への適応性を客観的にみるためのもの。

01 「論文」と「作文」

　一般に「論文」はあるテーマについて自分の意見を述べ，その論証をする文章で，必ず意見の主張とその論証という2つの部分で構成される。問題提起と論旨の展開，そして結論を書く。

　「作文」は，一般的には感想文に近いテーマ，たとえば「私の興味」「将来の夢」といったものがある。

　就職試験では「論文」と「作文」を合わせた"論作文"とでもいうようなものが出題されることが多い。

　論作文試験とは，「文章による面接」。テーマに書き手がどういう態度を持っているかを知ることが，出題の主な目的だ。受験者の知識・教養・人生観・社会観・職業観，そして将来への希望などが，どのような思考を経て，どう表現されているかによって，企業にとって，必要な人物かどうかを判断している。

　論作文の場合には，書き手の社会的意識や考え方に加え，「感銘を与える」働きが要求される。就職活動とは，企業に対し「自分をアピールすること」だということを常に念頭に置いておきたい。

Point

論文と作文の違い

	論　文	作　文
テーマ	学術的・社会的・国際的なテーマ。時事，経済問題など	個人的・主観的なテーマ。人生観，職業観など
表現	自分の意見や主張を明確に述べる。	自分の感想を述べる。
展開	四段型（起承転結）の展開が多い。	三段型（はじめに・本文・結び）の展開が多い。
文体	「だ調・である調」のスタイルが多い。	「です調・ます調」のスタイルが多い。

02 採点のポイント

・テーマ

与えられた課題（テーマ）を，受験者はどのように理解しているか。

出題されたテーマの意義をよく考え，それに対する自分の意見や感情が，十分に整理されているかどうか。

・表現力

課題について本人が感じたり，考えたりしたことを，文章で的確に表しているか。

・字・用語・その他

かなづかいや送りがなが合っているか，文中で引用されている格言やことわざの類が使用法を間違えていないか，さらに誤字・脱字に至るまで，文章の基本的な力が受験者の人柄ともからんで厳密に判定される。

・オリジナリティ

魅力がある文章とは，オリジナリティを率直に出すこと。自分の感情や意見を，自分の言葉で表現する。

・生活態度

文章は，書き手の人格や人柄を映し出す。平素の社会的関心や他人との協調性，趣味や読書傾向はどうであるかといった，受験者の日常における生き方，生活態度がみられる。

・字の上手・下手

できるだけ読みやすい字を書く努力をする。また，制限字数より文章が長くなって原稿用紙の上下や左右の空欄に書き足したりすることは避ける。消しゴムで消す場合にも，丁寧に。

いずれの場合でも，表面的な文章力を問うているのではなく，受験者の人柄のほうを重視している。

マナーチェックリスト

就活において企業の人事担当は，面接試験やOG／OB訪問，そして面接試験において，あなたのマナーや言葉遣いといった，「常識力」をチェックしている。現在の自分はどのくらい「常識力」が身についているかをチェックリストで振りかえり，何ができて，何ができていないかを明確にしたうえで，今後の取り組みに生かしていこう。

評価基準　5：大変良い　4：やや良い　3：どちらともいえない　2：やや悪い　1：悪い

	項　目	評　価	メ　モ
挨拶	明るい笑顔と声で挨拶をしているか		
	相手を見て挨拶をしているか		
	相手より先に挨拶をしているか		
	お辞儀を伴った挨拶をしているか		
	直接の応対者でなくても挨拶をしているか		
表情	笑顔で応対しているか		
	表情に私的感情がでていないか		
	話しかけやすい表情をしているか		
	相手の話は真剣な顔で聞いているか		
身だしなみ	前髪は目にかかっていないか		
	髪型は乱れていないか／長い髪はまとめているか		
	髭の剃り残しはないか／化粧は健康的か		
	服は汚れていないか／清潔に手入れされているか		
	機能的で職業・立場に相応しい服装をしているか		
	華美なアクセサリーはつけていないか		
	爪は伸びていないか		
	靴下の色は適当か／ストッキングの色は自然な肌色か		
	靴の手入れは行き届いているか		
	ポケットに物を詰めすぎていないか		

	項　目	評　価	メ　モ
言葉遣い	専門用語を使わず，相手にわかる言葉で話しているか		
	状況や相手に相応しい敬語を正しく使っているか		
	相手の聞き取りやすい音量・速度で話しているか		
	語尾まで丁寧に話しているか		
	気になる言葉癖はないか		
動作	物の授受は両手で丁寧に実施しているか		
	案内・指し示し動作は適切か		
	キビキビとした動作を心がけているか		
心構え	勤務時間・指定時間の5分前には準備が完了しているか		
	心身ともに健康管理をしているか		
	仕事とプライベートの切替えができているか		

☑ 常に自己点検をするクセをつけよう

「人を表情やしぐさ，身だしなみなどの見かけで判断してはいけない」と一般にいわれている。確かに，人の個性は見かけだけではなく，内面においても見いだされるもの。しかし，私たちは人を第一印象である程度決めてしまう傾向がある。それが面接試験など初対面の場合であればなおさらだ。したがって，チェックリストにあるような挨拶，表情，身だしなみ等に注意して面接試験に臨むことはとても重要だ。ただ，これらは面接試験前にちょっと対策したからといって身につくようなものではない。付け焼き刃的な対策をして面接試験に臨んでも，面接官はあっという間に見抜いてしまう。日頃からチェックリストにあるような項目を意識しながら行動することが大事であり，そうすることで，最初はぎこちない挨拶や表情等も，その人の個性に応じたすばらしい所作へ変わっていくことができるのだ。さっそく，本日から実行してみよう。

面接試験において，印象を決定づける表情はとても大事。

どのようにすれば感じのいい表情ができるのか，ポイントを確認していこう。

明るく,温和で
柔らかな表情をつくろう

人間関係の潤滑油

表情に関しては，まずは豊かである
ということがベースになってくる。う
れしい表情，困った表情，驚いた表
情など，さまざまな気持ちを表現で
きるということが，人間関係を潤いの
あるものにしていく。

Point

　表情はコミュニケーションの大前提。相手に「いつでも話しかけてくださ
いね」という無言の言葉を発しているのが，就活に求められる表情だ。面接
官が安心してコミュニケーションをとろうと思ってくれる表情。それが，明
るく，温和で柔らかな表情となる。

いますぐデキる

カンタンTraining

Training **01**

喜怒哀楽を表してみよう

- ・人との出会いを楽しいと思うことが表情の基本
- ・表情を豊かにする大前提は相手の気持ちに寄り添うこと
- ・目元・口元だけでなく，眉の動きを意識することが大事

Training **02**

表情筋のストレッチをしよう

- ・表情筋は「ウイスキー」の発音によって鍛える
- ・意識して毎日，取り組んでみよう
- ・笑顔の共有によって相手との距離が縮まっていく

コミュニケーションは挨拶から始まり，その挨拶ひとつで印象は変わるもの。
ポイントを確認していこう。

丁寧にしっかりと
はっきり挨拶をしよう

人間関係の第一歩

挨拶は心を開いて，相手に近づくコ
ミュニケーションの第一歩。たかが
挨拶，されど挨拶の重要性をわきま
えて，きちんとした挨拶をしよう。形，
つまり"技"も大事だが，心をこめ
ることが最も重要だ。

Point

　挨拶はコミュニケーションの第一歩。相手が挨拶するのを待っているの
は望ましくない。挨拶の際のポイントは丁寧であることと，はっきり声に出
すことの2つ。丁寧な挨拶は，相手を大事にして迎えている気持ちの表れ
となる。はっきり声に出すことで，これもきちんと相手を迎えていることが
伝わる。また，相手もその応答として挨拶してくれることで，会ってすぐに
双方向のコミュニケーションが成立する。

いますぐデキる
カンタンTraining

Training 01

３つのお辞儀をマスターしよう

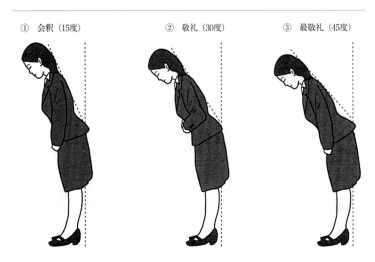

① 会釈（15度） ② 敬礼（30度） ③ 最敬礼（45度）

・息を吸うことを意識してお辞儀をするとキレイな姿勢に
・目線は真下ではなく，床前方1.5m先ぐらいを見よう
・相手への敬意を忘れずに

Training 02

対面時は言葉が先，お辞儀が後

・相手に体を向けて先に自ら挨拶をする
・挨拶時，相手とアイコンタクトを
　しっかり取ろう
・挨拶の後に，お辞儀をする。
　これを「語先後礼」という

コミュニケーションは「話す」よりも「聞く」ことといわれる。相手が話しやすい聞き方の, ポイントを確認しよう。

受容の立場で
傾聴しよう

相手の話を受けとめる

話を聞くときは, やや前に傾く姿勢をとる。表情と姿勢が合わさることにより, 話し手の心が開き「あれも, これも話そう」という気持ちになっていく。また, 「はい」と一度のお辞儀で頷くと相手の話を受け止めているというメッセージにつながる。

Point

　話をすること, 話を聞いてもらうことは誰にとってもプレッシャーを伴うもの。そのため, 「何でも話して良いんですよ」「何でも話を聞きますよ」「心配しなくて良いんですよ」という気持ちで聞くことが大切になる。その気持ちが聞く姿勢に表れれば, 相手は安心して話してくれる。

いますぐデキる
カンタンTraining

Training 01
頷きは一度で

- 相手が話した後に「はい」と
  一言発する
- 頷きすぎは逆効果

Training 02
目線は自然に

- 鼻の付け根あたりを見ると
  自然な印象に
- 目を見つめすぎるのはNG

Training 03
話の句読点で視線を移す

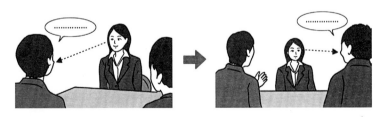

- 視線は話している人を見ることが基本
- 複数の人の話を聞くときは句読点を意識し，
  視線を振り分けることで聞く姿勢を表す

自分の意思を相手に明確に伝えるためには，話し方が重要となる。はっきりと
的確に話すためのポイントを確認しよう。

明るい発声を
心がけよう

ボリュームを意識して

話すときのポイントとしては，ボリュームを意識する
ことが挙げられる。会議室の一番奥にいる人に声が
届くように意識することで，声のボリュームはコント
ロールされていく。

Point

　コミュニケーションとは「伝達」すること。どのようなことも，適当に伝
えるのではなく，伝えるべきことがきちんと相手に届くことが大切になる。
そのためには，はっきりと，分かりやすく，丁寧に，心を込めて話すこと。
言葉だけでなく，表情やジェスチャーを加えることも有効。

カンタンTraining

Training **01**

腹式呼吸で発声練習

・「あえいうえおあお」と発声する
・腹式呼吸は，胸部をなるべく動かさ
　ずに，息を吸うときにお腹や腰が膨
　らむよう意識する呼吸法

Training **02**

早口言葉にチャレンジ

おあやや
母親に
お謝り

・「おあやや，母親に，お謝り」と早口で
・口がすぼまった「お」と口が開いた
　「あ」の発音に，変化をつけられる
　かがポイント

Training **03**

ジェスチャーを有効活用

・腰より上でジェスチャーをする
・体から離した位置に手をもっていく
・ジェスチャーをしたら戻すところを
　さだめておく

身だしなみはその人自身を表すもの。身だしなみの基本について，ポイントを
確認しよう。

清潔感,さわやかさを
醸し出せるようにしよう

プロの企業人に
ふさわしい身だしなみを

信頼感，安心感をもたれる身だしな
みを考えよう。TPOに合わせた服装は，
すなわち"礼"を表している。そして，
身だしなみには，「清潔感」,「品のよさ」,
「控え目である」という，3つのポイ
ントがある。

Point

相手との心理的な距離や物理的な距離が遠ければ，コミュニケーションは
成立しにくくなる。見た目が不潔では誰も近付いてこない。身だしなみが
清潔であること，爽やかであることは相手との距離を縮めることにも繋がる。

カンタンTraining

Training 01

髪型，服装を整えよう

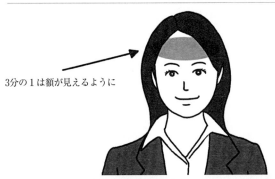

3分の1は額が見えるように

- 男性も女性も眉が見える髪型が望ましい。3分の1は額が見えるように。額は知性と清潔感を伝える場所。男性の髪の長さは耳や襟にかからないように
- スーツで相手の前に立つときは，ボタンはすべて留める。男性の場合は下のボタンは外す

Training 02

おしゃれとの違いを明確に

- 爪はできるだけ切りそろえる
- 爪の中の汚れにも注意
- ジェルネイル，ネイルアートはNG

Training 03

足元にも気を配って

- 女性の場合はパンプス，男性の場合は黒の紐靴が望ましい
- 靴はこまめに汚れを落とし見栄えよく

姿勢にはその人の意欲が反映される。前向き，活動的な姿勢を表すにはどうしたらよいか，ポイントを確認しよう。

前向き,活動的な姿勢を維持しよう

一直線と左右対称

正しい立ち姿として，耳，肩，腰，くるぶしを結んだ線が一直線に並んでいることが最大のポイントになる。そのラインが直線に近づくほど立ち姿がキレイに整っていることになる。また，"左右対称"というのもキレイな姿勢の要素のひとつになる。

Point

　姿勢は，身体と心の状態を反映するもの。そのため，良い姿勢でいることは，印象が清々しいだけでなく，健康で元気そうに見え，話しかけやすさにも繋がる。歩く姿勢，立つ姿勢，座る姿勢など，どの場面にも心身の健康状態が表れるもの。日頃から心身の健康状態に気を配り，フィジカルとメンタル両面の自己管理を心がけよう。

いますぐデキる
カンタン**Training**

Training **01**

キレイな歩き方を心がけよう

・女性は1本の線上を，男性はそれよりも太い線上を沿うように歩く
・一歩踏み出したときに前の足に体重を乗せるように，腰から動く
・12時の方向につま先をもっていく

Training **02**

前向きな気持ちを持とう

・常に前向きな気持ちが姿勢を正す
・ポジティブ思考を心がけよう

言葉遣いの正しさはとは，場面にあった言葉を遣うということ。相手を気づかいながら，言葉を選ぶことで，より正しい言葉に近づいていく。

相手と場面に合わせた
ふさわしい言葉遣いを

次の文は接客の場面でよくある間違えやすい敬語です。
それぞれの言い方は○×どちらでしょうか。

問1「資料をご拝読いただきありがとうございます」

問2「こちらのパンフレットはもういただかれましたか？」

問3「恐れ入りますが，こちらの用紙にご記入してください」

問4「申し訳ございませんが，来週，休ませていただきます」

問5「先ほどの件，帰りましたら上司にご報告いたしますので」

Point

　ビジネスのシーンに敬語は欠くことができない。何度もやり取りをしていく中で，親しさの度合いによっては，あえてくだけた表現を用いることもあるが，「親しき仲にも礼儀あり」と言われるように，敬意や心づかいをおろそかにしてはいけないもの。相手に誤解されたり，相手の気分を壊すことのないように，相手や場面にふさわしい言葉遣いが大切になる。

問1 （×） ○正しい言い換え例

→「ご覧いただきありがとうございます」など

「拝読」は自分が「読む」意味の謙譲語なので，相手の行為に使うのは誤り。読むと見るは同義なため，多く，見るの尊敬語「ご覧になる」が用いられる。

問2 （×） ○正しい言い換え例

→「お持ちですか」「お渡ししましたでしょうか」 など

「いただく」は，食べる・飲む・もらうの謙譲語。「もらったかどうか」と聞きたいのだから，「おもらいになりましたか」と言えないこともないが，持っているかどうか，受け取ったかどうかという意味で「お持ちですか」などが使われることが多い。また，自分側が渡すような場合は，「お渡しする」を使って「お渡ししましたでしょうか」などの言い方に換えることもできる。

問3 （×） ○正しい言い換え例

→「恐れ入りますが，こちらの用紙にご記入ください」など

「ご記入する」の「お（ご）～する」は謙譲語の形。相手の行為を謙譲語で表すことになるため誤り。「して」を取り除いて「ご記入ください」か，和語に言い換えて「お書きください」とする。ほかにも「お書き／ご記入・いただけますでしょうか・願います」などの表現もある。

問4 （△）

有給休暇を取る場合や，弔事等で休むような場面で，用いられることも多い。「休ませていただく」ということで一見丁寧に響くが，「来週休むと自分で休みを決めている」という勝手な表現にも受け取られかねない言葉だ。ここは同じ「させていただく」を用いても，相手の都合をうかがう言い方に換えて「○○がございまして，申し訳ございませんが，休みをいただいてもよろしいでしょうか」などの言い換えが好ましい。

問5 （×）○正しい言い換え例

→「上司に報告いたします」

「ご報告いたします」は，ソトの人との会話で使うとするならば誤り。「ご報告いたします」の「お・ご～いたす」は，「お・ご～する」と「～いたす」という2つの敬語を含む言葉。そのうちの「お・ご～する」は，主語である自分を低めて相手＝上司を高める働きをもつ表現（謙譲語Ⅰ）。一方「～いたす」は，主語の私を低めて，話の聞き手に対して丁重に述べる働きをもつ表現（謙譲語Ⅱ　丁重語）。「お・ご～する」も「～いたす」も同じ謙譲語であるため紛らわしいが，主語を低める（謙譲）という働きは同じでも，行為の相手を高める働きがあるかないかという点に違いがあるといえる。

敬語は正しく使用することで，相手の印象を大きく変えることができる。尊敬語，謙譲語の区別をはっきりつけて，誤った用法で話すことのないように気をつけよう。

言葉の使い方が
マナーを表す!

■よく使われる尊敬語の形 「言う・話す・説明する」の例

専用の尊敬語型	おっしゃる
～れる・～られる型	言われる・話される・説明される
お（ご）～になる型	お話しになる・ご説明になる
お（ご）～なさる型	お話しなさる・ご説明なさる

■よく使われる謙譲語の形 「言う・話す・説明する」の例

専用の謙譲語型	申す・申し上げる
お（ご）～する型	お話しする・ご説明する
お（ご）～いたす型	お話しいたします・ご説明いたします

---Point---

　同じ尊敬語・謙譲語でも，よく使われる代表的な形がある。ここではその一例をあげてみた。敬語の使い方に迷ったときなどは，まずはこの形を思い出すことで，大抵の語はこの型にはめ込むことができる。同じ言葉を用いたほうがよりわかりやすいといえるので，同義に使われる「言う・話す・説明する」を例に考えてみよう。

　ほかにも「お話しくださる」や「お話しいただく」「お元気でいらっしゃる」などの形もあるが，まずは表の中の形を見直そう。

■よく使う動詞の尊敬語・謙譲語

なお，尊敬語の中の「言われる」などの「れる・られる」を付けた形は省力している。

基本	尊敬語（相手側）	謙譲語（自分側）
会う	お会いになる	お目にかかる・お会いする
言う	おっしゃる	申し上げる・申す
行く・来る	いらっしゃる おいでになる お見えになる お越しになる お出かけになる	伺う・参る お伺いする・参上する
いる	いらっしゃる・おいでになる	おる
思う	お思いになる	存じる
借りる	お借りになる	拝借する・お借りする
聞く	お聞きになる	拝聴する 拝聞する お伺いする・伺う お聞きする
知る	ご存じ（知っているという意で）	存じ上げる・存じる
する	なさる	いたす
食べる・飲む	召し上がる・お召し上がりになる お飲みになる	いただく・頂戴する
見る	ご覧になる	拝見する
読む	お読みになる	拝読する

「お伺いする」「お召し上がりになる」などは，「伺う」「召し上がる」自体が敬語なので「二重敬語」ですが，慣習として定着しており間違いではないもの。

―Point―

　上記の「敬語表」は，よく使うと思われる動詞をそれぞれ尊敬語・謙譲語で表したもの。このように大体の言葉は型にあてはめることができる。言葉の中には「お（ご）」が付かないものもあるが，その場合でも「〜なさる」を使って，「スピーチなさる」や「運営なさる」などと言うことができる。また，表では，「言う」の尊敬語「言われる」の例は省いているが，れる・られる型の「言われる」よりも「おっしゃる」「お話しになる」「お話しなさる」などの言い方のほうが，より敬意も高く，言葉としても何となく響きが落ち着くといった印象を受けるものとなる。

会話は相手があってのこと。いかなる場合でも，相手に対する心くばりを忘れないことが，会話をスムーズに進めるためのコツになる。

心くばりを添えるひと言で
言葉の印象が変わる!

　相手に何かを頼んだり，また相手の依頼を断ったり，相手の抗議に対して反論したりする場面では，いきなり自分の意見や用件を切り出すのではなく，場面に合わせて心くばりを伝えるひと言を添えてから本題に移ると，響きがやわらかくなり，こちらの意向も伝えやすくなる。俗にこれは「クッション言葉」と呼ばれている。(右表参照)

Point

　ビジネスの場面で，相手と話したり手紙やメールを送る際には，何か依頼事があってという場合が多いもの。その場合に「ちょっとお願いなんですが…」では，ふだんの会話と変わりがないものになってしまう。そこを「突然のお願いで恐れ入りますが」「急にご無理を申しまして」「こちらの勝手で恐縮に存じますが」「折り入ってお願いしたいことがございまして」などの一言を添えることで，直接的なきつい感じが和らぐだけでなく，「申し訳ないのだけれど，もしもそうしていただくことができればありがたい」という，相手への配慮や願いの気持ちがより強まる。このような前置きの言葉もうまく用いて，言葉に心くばりを添えよう。

相手の意向を尋ねる場合	「よろしければ」「お差し支えなければ」 「ご都合がよろしければ」「もしお時間がありましたら」 「もしお嫌いでなければ」「ご興味がおありでしたら」
相手に面倒を かけてしまうような場合	「お手数をおかけしますが」 「ご面倒をおかけしますが」 「お手を煩わせまして恐縮ですが」 「お忙しい時に申し訳ございませんが」 「お時間を割いていただき申し訳ありませんが」 「貴重なお時間を頂戴し恐縮ですが」
自分の都合を 述べるような場合	「こちらの勝手で恐縮ですが」 「こちらの都合（ばかり）で申し訳ないのですが」 「私どもの都合ばかりを申しまして，まことに申し訳な く存じますが」 「ご無理を申し上げまして恐縮ですが」
急な話をもちかけた場合	「突然のお願いで恐れ入りますが」 「急にご無理を申しまして」 「もっと早くにご相談申し上げるべきところでございま したが」 「差し迫ってのことでまことに申し訳ございませんが」
何度もお願いする場合	「たびたびお手数をおかけしまして恐縮に存じますが」 「重ね重ね恐縮に存じますが」 「何度もお手を煩わせまして申し訳ございませんが」 「ご面倒をおかけしてばかりで，まことに申し訳ござい ませんが」
難しいお願いをする場合	「ご無理を承知でお願いしたいのですが」 「たいへん申し上げにくいのですが」 「折り入ってお願いしたいことがございまして」
あまり親しくない相手に お願いする場合	「ぶしつけなお願いで恐縮ですが」 「ぶしつけながら」 「まことに厚かましいお願いでございますが」
相手の提案・誘いを断る場合	「申し訳ございませんが」 「（まことに）残念ながら」 「せっかくのご依頼ではございますが」 「たいへん恐縮ですが」 「身に余るお言葉ですが」 「まことに失礼とは存じますが」 「たいへん心苦しいのですが」 「お引き受けしたいのはやまやまですが」
問い合わせの場合	「つかぬことをうかがいますが」 「突然のお尋ねで恐縮ですが」

会社別就活ハンドブックシリーズ

三菱UFJ銀行の
就活ハンドブック

編　者　就職活動研究会

発　行　令和6年2月25日

発行者　小貫輝雄

発行所　協同出版株式会社

〒101-0054
東京都千代田区神田錦町2-5
電話　03-3295-1341
振替　東京00190-4-94061

印刷所　協同出版・POD工場

落丁・乱丁はお取り替えいたします

●2025年度版●
会社別就活ハンドブックシリーズ

【全111点】

運 輸

東日本旅客鉄道の就活ハンドブック	小田急電鉄の就活ハンドブック
東海旅客鉄道の就活ハンドブック	阪急阪神 HD の就活ハンドブック
西日本旅客鉄道の就活ハンドブック	商船三井の就活ハンドブック
東京地下鉄の就活ハンドブック	日本郵船の就活ハンドブック

機 械

三菱重工業の就活ハンドブック	浜松ホトニクスの就活ハンドブック
川崎重工業の就活ハンドブック	村田製作所の就活ハンドブック
IHI の就活ハンドブック	クボタの就活ハンドブック
島津製作所の就活ハンドブック	

金 融

三菱 UFJ 銀行の就活ハンドブック	野村證券の就活ハンドブック
三菱 UFJ 信託銀行の就活ハンドブック	りそなグループの就活ハンドブック
みずほ FG の就活ハンドブック	ふくおか FG の就活ハンドブック
三井住友銀行の就活ハンドブック	日本政策投資銀行の就活ハンドブック
三井住友信託銀行の就活ハンドブック	

建設・不動産

三菱地所の就活ハンドブック	鹿島建設の就活ハンドブック
三井不動産の就活ハンドブック	大成建設の就活ハンドブック
積水ハウスの就活ハンドブック	清水建設の就活ハンドブック
大和ハウス工業の就活ハンドブック	

資源・素材

旭旭化成グループの就活ハンドブック	関西電力の就活ハンドブック
東レの就活ハンドブック	日本製鉄の就活ハンドブック
ワコールの就活ハンドブック	中部電力の就活ハンドブック

九州電力の就活ハンドブック

自動車

トヨタ自動車の就活ハンドブック　　　デンソーの就活ハンドブック

本田技研工業の就活ハンドブック　　　日産自動車の就活ハンドブック

商　社

三菱商事の就活ハンドブック　　　　　伊藤忠商事の就活ハンドブック

住友商事の就活ハンドブック　　　　　双日の就活ハンドブック

丸紅の就活ハンドブック　　　　　　　豊田通商の就活ハンドブック

三井物産の就活ハンドブック

情報通信・IT

NTT データの就活ハンドブック　　　　サイバーエージェントの就活ハンドブック

NTT ドコモの就活ハンドブック　　　　LINE ヤフーの就活ハンドブック

野村総合研究所の就活ハンドブック　　SCSK の就活ハンドブック

日本電信電話の就活ハンドブック　　　富士ソフトの就活ハンドブック

KDDI の就活ハンドブック　　　　　　日本オラクルの就活ハンドブック

ソフトバンクの就活ハンドブック　　　GMO インターネットグループ

楽天の就活ハンドブック　　　　　　　オービックの就活ハンドブック

mixi の就活ハンドブック　　　　　　DTS の就活ハンドブック

グリーの就活ハンドブック　　　　　　TIS の就活ハンドブック

食品・飲料

サントリー HD の就活ハンドブック　　日本たばこ産業 の就活ハンドブック

味の素の就活ハンドブック　　　　　　日清食品グループの就活ハンドブック

キリン HD の就活ハンドブック　　　　山崎製パンの就活ハンドブック

アサヒグループ HD の就活ハンドブック　キユーピーの就活ハンドブック

生活用品

資生堂の就活ハンドブック　　　　　　武田薬品工業の就活ハンドブック

花王の就活ハンドブック

電気機器

三菱電機の就活ハンドブック	パナソニックの就活ハンドブック
ダイキン工業の就活ハンドブック	富士通の就活ハンドブック
ソニーの就活ハンドブック	キヤノンの就活ハンドブック
日立製作所の就活ハンドブック	京セラの就活ハンドブック
ＮＥＣの就活ハンドブック	オムロンの就活ハンドブック
富士フイルム HD の就活ハンドブック	キーエンスの就活ハンドブック

保　険

東京海上日動火災保険の就活ハンドブック	三井住友海上火災保険の就活ハンドブック
第一生命ホールディングスの就活ハンドブック	損保ジャパンの就活ハンドブック

メディア

日本印刷の就活ハンドブック	エイベックスの就活ハンドブック
博報堂 DY の就活ハンドブック	東宝の就活ハンドブック
TOPPAN ホールディングスの就活ハンドブック	

流通・小売

ニトリ HD の就活ハンドブック	ZOZO の就活ハンドブック
イオンの就活ハンドブック	

エンタメ・レジャー

オリエンタルランドの就活ハンドブック	任天堂の就活ハンドブック
アシックスの就活ハンドブック	カプコンの就活ハンドブック
バンダイナムコ HD の就活ハンドブック	セガサミー HD の就活ハンドブック
コナミグループの就活ハンドブック	タカラトミーの就活ハンドブック
スクウェア・エニックス HD の就活ハンドブック	

▼会社別就活ハンドブックシリーズにつきましては，協同出版のホームページからもご注文ができます。詳細は下記のサイトでご確認下さい。

https://kyodo-s.jp/examination_company